상대의 마음을 얻는
공감대화법

KB077348

상대의 마음을 얻는 공감대화법

초판 1쇄 2021년 10월 13일
지은이 김영 | **펴낸이** 송영화 | **펴낸곳** 굿위즈덤 | **총괄** 임종익
등록 제 2020-000123호 | **주소** 서울시 마포구 양화로 133 서교타워 711호
전화 02) 322-7803 | **팩스** 02) 6007-1845 | **이메일** gwbooks@hanmail.net

© 김영, 굿위즈덤 2021, *Printed in Korea*.

ISBN 979-11-91447-69-9 03190 | 값 15,000원

COMMUNICATE

상대의 마음을 얻는
공감대화법

김영 지음

굿위즈덤

프롤로그

국제패럴림픽위원회(IPC)는 공식 SNS를 통해 한 영상을 공개하며 '인생에서도 둘이 함께 달리기를! (May the two of them run together for life!)'라는 슬로건을 남겼다.

장애인과 비장애인이 함께 즐기는 스포츠 축제! 제16회 도쿄 패럴림픽이 끝난 지 얼마 되지 않았다. 장애를 딛고 일어서 인간의 한계에 도전하는 선수들의 모습은 많은 감동을 준다. 경기 도중 육상 경기장에 로맨틱한 장면이 연출되었다. 여자 육상 100m 예선에 출전한 시각장애 육상선수 쿨라 니드레아라 페레이라 세메도는 마지막 경주를 끝내고 가쁜 숨을 쉬고 있었다. 그때 그녀의 가이드 러너가 다가와 무릎을 꿇고 깜짝 프러포즈했고 페레이라 세메도는 함박웃음을 지으며 청혼을 수락했다.

가이드 러너(Guide Runner)는 비장애인이 장애인을 도와 무사히 경기를 마칠 수 있도록 한 팀이 되어 경기를 치르는 방식이다. 가이드 러너는 선수에게 힘과 용기를 북돋우며 경기를 함께 풀어나간다. 시각장애인 선수와 하나의 줄로 연결하여 경기 진행을 도와주며 함께 뛰지만, 기본적으로 선수들의 경기력에 변동을 주는 행위는 할 수 없다. 선수의 동작 하나하나를 놓쳐서는 안 되기 때문에 피로감이 매우 높다고 한다.

남편과 아내, 부모와 자식, 스승과 제자, 상사와 부하직원, 동료와 친구는 서로의 가이드 러너이다. 더구나 부부는 결혼식장에 첫걸음을 내딛는 순간부터 동반자로서 2인 1조가 되어 둘이 함께 달린다. 평생을 달려야 하는 장기 마라톤에서 서로서로 배려하지 못하고 상호 존중하지 못하면 넘어지고 경기를 완주할 수 없게 된다.

내 고집과 판단을 접고 가이드 러너의 말을 100% 신뢰해야 끝까지 완주할 수 있는 것이 결혼이고 인생이다. 얇은 줄에 서로의 손목을 끼운 채 손과 발이 서로 엉키지 않도록 잘 달려야 한 사람이 뛰는 것처럼 달릴 수 있고 끝까지 완주했을 때 혼자가 아닌 둘이 함께이기에 기쁨도 두 배가 된다.

가정은 남편과 아내, 부모와 자식이 함께 만드는 작은 사회이다. 가정이라는 사회가 잘 운영되어야 그 사회에서 자라고 생활하는 우리가 좀 더 큰 세계로 나갔을 때 아무 문제 없이 생활할 수 있다. 나는 아이를 낳고 산후 우울증을 경험했다. 육아의 고충과 스트레스를 남편에게 어떻게 설명하고 어떻게 이해시켜야 할지 방법을 몰라 답답했다. 모든 관계가 불편했고 나는 항상 녹초가 되어 있었다.

몸에 난 상처는 약을 바르고 치료하면 낫겠지만 마음의 상처는 좀처럼 낫지 않고 신체적 고통을 가져왔다. 내가 '유방암' 선고를 받던 해 설상가상으로 아이는 모 대학 병원 정신건강의학과에서 투레트장애, 불안장애, 과활동성 주의력 결핍 장애 의증(ADHD) 진단을 받았다. 이것은 3장에서 간단히 설명하였다. 탄탄한 자아존중감은 어떤 힘든 상황이 닥쳐와도 기꺼이 시련을 이겨내게 한다. 그런데 나의 자아존중감은 이미 바닥이었고 나는 절망하였다.

누군가가 나에게 위로를 하며 "시련은 우리가 어떤 죄를 지었기 때문이 아니라 필요하기에 주어지는 것이다. 시련은 대나무의 마디와 같아서 더 단단하게 서기 위한 하나님의 훈련 과정이다."라고 하였다. 그때까지만 해도 "왜 하필 나야."하는 원망만 튀어나오고 어떤 위로도 와닿지 않았다.

그런데 나는 엄마이지 않은가? 나에게는 지켜야 할 두 아이가 있다. "여자는 약하지만, 어머니는 강하다."라고 하였다. 내 몸이 아프고 자존감이 바닥을 기는 것과 상관없이 일단 아이를 안정시키고 아이가 받았을 상처를 보듬어주는 것이 엄마가 해야 할 시급한 일이었다. 아이는 나에게 끊임없이 신호를 보내고 있었지만 무시한 건 오히려 나였다. 2020년 여름, 심리상담센터의 문을 두드렸고 도움을 요청하였다. 그러면서 '공감과 소통'의 부재가 가져오는 어려움에 대하여 깊이 생각하게 되었고 '공감 능력과 소통'의 기술에 관한 공부를 하기 시작하였다.

아이 문제로 상담을 받았으나 오히려 도움을 받은 건 나였다. 실제로 나는 상담의 매력에 빠졌고 진로상담사 자격 과정을 공부하였다. 내가 내 감정을 끌어안아줄 수 있을 때 상대방의 감정을 안아줄 수 있다. 공감하는 마음(공감 능력)이 있어야 상대의 마음을 얻을 수 있다. 자신의 감정으로부터 자유로운 사람은 다른 사람의 감정에 대해서도 마음이 열려있어 상대의 처지를 이해하고 감정을 공유하기가 쉽다. 상대가 가족일 경우 깊이 들여다보면 볼수록 거울처럼 자기 자신이 보인다.

내가 변하지 않으면 남편도 아이도 변하지 않는다는 것을 알았다. 남편으로부터의 정서적인 독립이 필요했다. 그동안 나는 애정이 충족되지 않으면 좌절하고 분노하며 결핍을 느낄 때마다 남편을 수시로 실격 처리했다. 이런 감정은 아이에게 전이되어 서로서로 힘들게 했다. 나 자신을 어려운 상황에 놓이게 만들고 힘들게 하는 사람은 남편이나 아이가 아니라 '나 자신'이었다.

그러나 생각만으로는 아무 변화도 일어나지 않는다. 나는 달라져야 했다. 간절한 마음으로 성경을 펼쳤고 '대화법과 처세술'에 관한 자기계발서를 미친 듯이 읽기 시작했다.

"여호와를 찾으라 그리하면 살리라"

– 아모스 5장 6절.

2021년 6월 19일 〈한국책쓰기1인창업코칭협회〉(이하 〈한책협〉)의 김도사님(김태광 작가)을 만났고 내가 겪었던 '소통'의 어려움과 '꿈'에 대하여 이야기했다. 도사님은 나에게 "누구나 작가가 될 수 있다"라고 말하며 '공감대화법'에 대하여 책을 쓸 수 있도록 동기부여와 아낌없는 조언으로 격려해주었다. '내가 겪은 이런 이야기가 책이 될 수 있다고?' 책은 특별한 이야기를 가진 특별한 사람들이 쓰는 건 줄 알았다. 언젠가는 나도 '책을 써야지.'라고 막연히 생각만 하고 있었는데 하겠다고 마음을 먹으니 생각보다 빨리 이렇게 책을 출간하게 되었다.

돌이켜보니 내가 '시련'이라고 생각했던 '고통'은 또 다른 이름의 '변형된 축복'이었다. '오늘은 내 남은 삶의 첫날'이라는 말이 있다. 내 삶을, 나 자신을 연민하거나 불행한 내 모습에 갇혀 우울하게 살고 싶지 않았다. 자신의 미래는 자신이 개척하는 것이다. 행복은 누가 가져다주는 것이 아니고 내가 만드는 것이다.

성공한 모든 사람이 나와 똑같은 한 시간에 60분, 하루 24시간, 1년 365일을 갖고 있다. 성공한 사람은 시간에 투자한다고 하였다. 포기하고 싶어질 때 '원하는 것을 이루기 위해 참고 견뎌야 한다.'라는 문구를 보며 이를 악물었다. 뜨거운 여름을 책 쓰기로 보내고 어느새 가을을 맞았다. 나는 나 자신에게 행복을 가져다주는 일에 투자했다.

나는 청소년기 시절 문학소녀였고 작가가 되고 싶었다. 하지만 '꿈'으로만 남겨두고 대학에서 건축을 전공한 후 15년 가까운 세월을 건설기술인으로 살았다. '위기는 누군가에게는 기회'라고 하였다. 내가 겪었던 고통의 시간들이 책을 쓰는 계기가 되었고 나는 작가가 되었다. 긍정적인 마음가짐과 행동으로 자신을 이끌 때 성공은 내 눈앞에 성큼 다가온다. 〈한책협〉의 김도사님과 〈위닝북스〉의 권동희 대표님, 굿위즈덤의 모든 가족에게 진심으로 감사드린다.

사람은 혼자서 살아갈 수 없고 수많은 사람과 인간관계를 맺으며 살아간다. 인생을 살다 보면 그 속에서 어쩔 수 없이 크고 작은 아픔을 경험하게 된다. 사람들은 말과 행동으로 상대에게 상처를 준다. 누군가와 소통의 부재로 어려움을 겪고 있다면, 우울하거나 불행하다는 생각이 나도 모르게 썰물처럼 밀려온다면 나의 책이 그런 당신에게 힘을 주고 도움을 줄 수 있을 것이다. 상처를 받을지 말지는 내가 결정하는 것이다. 이 책을 읽고 부디 생각하고 행동하고 변화하길 바란다.

수술실에 들어가던 날은 하필이면 어버이날이었다. 숱한 날을 부모님의 가슴을 시리게 하고 아프게 했다. 나를 믿고 기다려주신 사랑하는 부모님께 용서를 빌며 이 책을 바친다. 또한, 삶의 여러 가지 무게를 홀로 견디며 힘들었을 나의 동반자 남편과 사랑하는 시온이와 다은이에게도 감사의 마음을 전한다. 마지막으로 나의 아버지, 하나님께 영광을 돌린다.

"다만 이뿐 아니라 우리가 환난 중에도 즐거워하나니 이는 환난은 인내를, 인내는 연단을, 연단은 소망을 이루는 줄 앎이로다"

– 로마서 5장 3~4절

2021년 가을
파란 하늘 아래,
작가 김영

2장   언제 어디서든 누구와도 통하는 사람의 비밀

3장 공감을 얻는 대화법은 따로 있다

4장 원하는 것을 더 많이 얻는 소통의 기술

5장 아무리 유능한 사람도 적이 많으면 성공할 수 없다

- 1장 -

저 사람은 왜 모두 다 좋아할까?

01
—

저 사람은 왜 모두 다 좋아할까?

"사랑해 정지훈, 지훈아, 사랑해! 잘 가."

유치원 버스에서 내린 딸 아이가 엄마와 반가운 눈 맞춤을 하기도 전에 바쁜 걸음을 잠시 멈춘 버스 유리창에 매달려 아쉬운 인사를 건넨다. 헤어지기 아쉬운 연인들처럼 다시 만나자며 서로 손을 흔들고 손 하트를 날린다.

"지훈이가 그렇게 좋아? 엄마 안 보고 싶었어? 치, 엄마는 다은이 보고 싶었는데 지훈이만 보네."

엄마가 질투 어린 말을 해도 아랑곳하지 않고 꼬마 신사를 태운 버스가 떠나고 나서야 비로소 엄마와 눈 맞춤을 하며 귀엽고 사랑스러운 미소를 보여준다.

"지훈이가 왜 좋아? 엄마가 볼 땐 그냥 평범한데."
"응, 왜냐면 지훈이는 멋있어. 멋있어서 내가 좋아하는 거야."

여섯 살 아이에게 멋있다는 기준은 뭘까? 지훈이에게 미안하지만 내 눈에 특별할 것이 없어 보이는 그 꼬마 신사는 유치원의 모든 친구가 좋아하는 인기남이다. 나는 궁금해서 딸아이에게 물어보았다.

"다 좋아해? 왜? 지훈이가 왜 멋있어?"

잠깐 생각하던 아이가 망설임 없이 이렇게 말했다.

"응, 지훈이는 은수랑도 잘 놀고 소리도 안 지르고 장난감도 안 뺏어가. 그래서 멋있어."

은수는 유치원의 문제아였다. 친구들이 갖고 노는 장난감을 빼앗거나 집어던져서 친구들 얼굴에 상처를 내고 자기 뜻대로 안 되면 소리를 질

상대의 마음을 얻는 공감대화법

렀다. 친구들에게 은수는 고집을 피워 같이 놀기 싫은 친구였다. 반면 지훈이는 까탈스러운 은수와도 잘 지내는 아이였다.

유치원 교실은 어른 사회의 축소판이다. 멋있는 아이와 멋있는 어른은 알고 보면 별반 다를 것이 없고 지훈이와 은수도 어디든 존재한다. 모두 다 좋아하는 사람들은 대부분 자존감이 높고 긍정의 아우라를 풍기며 다른 사람들과 좋은 관계 맺는 것을 우선시한다.

학자 존 허셀은 "자존이야말로 모든 미덕의 초석이다."라고 하였다. 자존감(self-esteem)은 상대와 비교하기보다 있는 그대로의 자신을 사랑하고 스스로 가치 있는 존재임을 인식하는 것이다. 말 그대로 자신을 존중하고 사랑하는 마음으로 일종의 자기 확신이다. 몸과 마음이 건강할수록 스스로에 대하여 만족할 가능성이 크다.

또 어떤 일이나 상황에 부딪혔을 때 실패보다는 성공할 것이라고 긍정적으로 생각하며 사람 만나는 것을 두려워하지 않는다. 반면 자기 확신이 없는 사람은 자기 생각과 연민에 빠져 타인에 대한 이해도가 낮고 내 맘대로 단정 짓고 출발하는 경향이 있어 인간관계의 거대한 바다에서 방향성을 잃어버리고 헤매게 될 것이다.

자기 확신이 부족한 사람에게 좋은 처방은 바로 긍정적인 확언이다. 그런데 사람들은 하루에 긍정적인 말보다 부정적인 말을 10배나 더 많이 한다고 한다. 내 인생이 내가 하는 말에 달려 있다는 것을 안다면 지금 당장 부정적인 말을 버리고 긍정적인 말로 바꾸자. '나는 정말 행복한 사람이고 내 삶은 점점 더 윤택해지고 모두 다 나를 좋아한다.'라고 생각하고 그렇게 말하자.

"너희 말이 내 귀에 들린 대로 내가 너희에게 행하리니"

- 민수기 14장 28절

'확언'은 믿음이다. 말은 말하는 내용과 똑같은 에너지를 만드는 힘이 있으므로 긍정 확언을 매일 21일 동안 하면 어느새 습관이 되고 뇌 신경세포가 건강하게 회복된다고 하였다.

2011년, 하버드대학의 니컬러스 크리스태스 교수와 캘리포니아대 제임스 파울러 교수는 『connected(행복은 전염된다)』라는 책에서 다음과 같은 흥미로운 연구 결과(3단계 모방 법칙)를 발표했다.

(1단계) 내 친구가 행복하게 되면 내가 행복해질 가능성이 약 15% 증가한다.
(2단계) 내 친구의 친구가 행복하게 되면 내가 행복해질 가능성이 약 10% 증가한다.

(3단계) 내 친구의 친구의 친구가 행복하게 되면 내가 행복해질 가능성이 약 6% 증가한다.

행복은 전염되기 때문에 행복한 사람들 옆에는 끊임없이 행복해지고 싶은 사람들이 모여든다. 행복 바이러스는 거리와도 관계가 있어서 행복한 사람 옆으로 가야 한다. 행복감을 느끼는 친구가 바로 옆에 살면 내가 행복해질 가능성이 약 34% 증가한다. 행복감을 느끼는 친구가 1.6km(1마일) 안에 살면 내가 행복해질 가능성이 약 25% 증가한다. 행복감을 느끼는 형제자매가 근처에 살면 내가 행복해질 가능성이 약 14% 증가한다.

남편은 주변에 항상 사람들이 많고 모두가 좋아하는 인기남이다. 연애 시절 휴대전화에 저장된 애칭은 비타민이었는데 잘 알다시피 비타민은 에너지를 내지는 않지만, 신체 기능 조절에 있어서 필수적인 영양소이다. 업무 스트레스로 지치고 피곤하다가도 만나면 기운이 솟고 기분이 좋아지는 그런 사람이라 내가 붙인 별명이었다.

어디서든 누구와도 잘 통하는 유쾌, 상쾌, 통쾌한 매력을 가진 사람인데 비타민 하면 그 옆에 A, B, C 등 알파벳이 붙는 것이 가장 먼저 생각날 것이다. 만나는 사람들은 A, B, C처럼 다양하지만 언제나 모두에게 환영받는 내 남편은 20년 차 베테랑 영업사원이다. 특기이자 장점이라면 갑 오브 더 갑 '친화력과 무한긍정 에너지'이다. 한번 인연을 맺은 사람들은 약방의 감초처럼 그들의 좋은 일이나 궂은일에 스스럼없이 남편을 끼워주었고, 남편이 뿜어내는 밝고 경쾌한 에너지는 사람들을 흐뭇하게 했다.

남편에게 끌렸던 이유는 밝고 쾌활한 성격 때문이었는데 옆에 있으면 나도 덩달아 행복해질 것 같았다. 남편은 '사람들을 만나는 것' 자체를 즐기고 끌어당기는 기술을 갖고 있었다. 붙임성 좋은 남편은 늘 여유가 있고 다른 사람들과 사이좋게 잘 어울리는 방법을 알고 있으며 밋밋한 분위기에서도 즐거운 파장을 만들어낼 줄 아는 사람이다.

내가 사람들과 만날 때 보이지 않는 벽부터 친다면 남편은 그 벽을 허물고 순식간에 무장해제를 시키는 사람이었으니 당연히 관심이 가고 호기심이 생겼다. 내가 사회생활을 하고 대인관계를 맺음에 있어서 나의 뾰족한 성격은 가끔 걸림돌이 되었다. 하는 일과 업무보다 여러 사람을 상대해야만 하는 자체가 스트레스일 때가 많았다. 그 중엔 항상 좋은 사람들만 있는 것은 아니었기 때문이다.

꼼꼼한 성격 덕분에 확실하고 일 잘한다는 소리는 들었으나 바로 그 말 때문에 '실수하면 안 된다.'는 강박에 나 홀로 신경이 곤두서 있었다.

나는 웃을 일이 있어야 웃는 사람인데 남편은 항상 밝은 얼굴로 사람들을 대하고 누구에게나 스스럼없이 대하는 친화력이 좋은 사람이기도 하다. 그리고 그런 강점들은 시너지가 되어 언제나 대화에 생기를 불어넣는다. 생각을 해보면 이런 남편을 싫어하는 사람은 별로 없다.

더 많은 사람이 나를 좋아해주었으면 하는 것은 당연한 인간의 본능이다. 또 누구나 관계 속에서 다른 이들로부터 자신의 존재 가치를 인정받고 싶어 한다. 남편은 어디서나 주목을 받아야만 직성이 풀리는 사람이고 사람들의 관심을 유도하기 위해 약간은 오버하기도 한다. 그러면 확실히 사람들의 시선을 사로잡을 수는 있다. 반면 나는 혼자가 편할 때가 있다.

그렇다면 인기가 있는 사람들은 행복할까? 어떤 나로 살아가느냐에 따라 행복할 수도 아닐 수도 있다. 미치 프린스틴(Mitch Prinstein)은 "인기는 더 많은 사람이 나를 좋아하고, 인정해주고, 관심을 두고, 알아봐주었으면 좋겠다는 욕망"이라고 하였다. 인기는 살아가는 데 강력한 영향력을 끼치는 것은 분명하다. 어려서도 그렇지만 어른이 되어서도 인기는 삶을 크게 좌우하는 요소이기도 하다. 그의 저서 『모두가 인기를 원한다』에서 이렇게 말하였다. "인기에 맹목적으로 집착하기보다는 호감에 기반을 둔 인기를 추구하기를 권한다."

다른 사람들이 나에 대해 어떻게 생각하는지 걱정하는 것은 당연하다. '인기'가 있다고 해도 겉으로만 봐서는 정말 행복한지 알 수 없다. 정작 우리의 삶을 행복하게 변화시켜주는 진정한 요인은 '인기'가 이니라 '호감'이라고 하였다. '호감'의 사전적 의미는 좋게 여기는 감정이다. 미치 프린스틴은 "행복과 성공을 좌우하는 결정적 요소는 호감이다."라고 하였다.

사람들은 인기와 관심이 자신에게 행복을 가져다줄 것으로 생각하고 기를 쓰고 그것을 지키려고 한다. 유명인이나 정치인들이 인기에 집착하는 이유는 부와 명예를 가져다주기 때문이다. 그런데 그토록 바라던 '인기'는 가졌지만 가까운 사람들과 인간관계의 어려움에 빠져 곤란을 겪기도 한다. 인기에 대한 집착을 버리고 호감 가는 사람이 되어보자. 혼자만 눈에 띄려고 애쓰기보다 다른 사람을 돌아보고, 조화를 추구하고, 자신이 할 수 있는 것에 최선을 다할 때 저절로 인기와 관심을 한눈에 받게 될 것이다.

대인관계의 문제 대부분은 '말' 때문에 발생한다

"마음이 굽은 자는 복을 얻지 못하고 혀가 패악한 자는 재앙에 빠지느니라"

— 잠언 17장 20절

패역(悖逆)을 인터넷 검색창에 입력하면 사람으로서 마땅히 하여야 할 도리에 어긋나고 순리를 거슬러 불순함이라고 나온다.

성경에서 패악한 것이란 이 말을 했다가 다시 저 말을 하는 자를 뜻하고 패악한 혀란 가시 돋친 혀를 뜻한다.

이솝우화에 박쥐 이야기가 있다. 박쥐는 자신이 들짐승인지 날짐승인지 헷갈렸다. 알이 아니라 새끼를 낳고 쥐처럼 생겨 들짐승인 거 같다가도 새처럼 날개가 있으니 날짐승인 것도 같았다. 어느 날 들짐승과 날짐승이 편을 갈라 서로 싸우자 박쥐는 머리를 굴렸다. 들짐승이 이길 것 같으면 들짐승 편을 들고 날짐승이 이길 것 같으면 날짐승 편을 들었다. 그러다 들짐승과 날짐승들이 사이좋게 지내기로 하자 어느 쪽도 얄미운 박쥐를 무리에 끼워주지 않았다.

박쥐는 결국 약삭빠르게 행동하다가 동굴에 꼭꼭 숨어 사는 처지가 되었다. 박쥐는 좋게 말하면 임기응변에 능하다고 할 수 있겠지만 간에 붙었다, 쓸개에 붙었다 하는 간신배의 모습을 가진 이중적 성격의 소유자라고 할 수 있다. 박쥐는 행동뿐만 아니라, 말도 이 말을 했다가 다시 저 말을 했을 것이다. 말 속에는 사람의 생각이나 느낌이 그대로 들어가 있어 곧 그 말을 하는 사람 자체인데 간신배와 같은 사람은 어디서도 환영받지 못한다.

말은 첫째, 사람의 생각이나 느낌 따위를 표현하고 전달하는 데 쓰는 음성 기호다. (곧 사람의 생각이나 느낌 따위를 목구멍을 통하여 조직적으로 나타내는 소리를 일컫는다.)

둘째, 음성 기호로 생각이나 느낌을 표현하고 전달하는 행위 또는 그런 결과물이다.

셋째, 일정한 주제나 줄거리를 가진 이야기이다.

성경 야고보서에서 "말에 실수가 없는 자가 온전한 사람"이라고 하였다. 말은 아무 생각 없이 내 기분과 감정대로 마구 쏟아놓으면 올가미가 되어 나를 집어삼킬 수 있다. 말은 작은 불씨와 같아서 우리 삶을 불사르고 송두리째 흔들어놓을 수 있다. 말 한마디로 천 냥 빚도 갚을 수 있고 사람을 살리거나 죽일 수도 있다. 우리는 축복과 사랑의 말을 하면서 같은 입으로 저주하고 증오하는 말도 한다. 그러니 항상 혀를 조심하고 평소 실수가 많은 사람이라면 말로 인해 나쁜 열매를 맺지 않도록 조심해야 한다.

"사람은 입에서 나오는 열매로 말미암아 배부르게 되나니 곧 그의 입술에서 나는 것으로 말미암아 만족하게 되느니라 죽고 사는 것이 혀의 힘에 달렸나니 혀를 쓰기 좋아하는 자는 혀의 열매를 먹으리라"

– 잠언 18장 20~21절

알다시피 말 한마디가 가진 위력이 너무 크기 때문에 말실수하지 않도록 조심해야 한다. 말은 사실 '하나님의 선물'이다. 말로 대화하고 기도하고 찬송하고 감사하고 축복하고 사랑을 나눌 수 있게 해준다. 말은 아름답게 쓰이면 걱정이 없지만 조심하고 절제해서 사용하지 않으면 비수가 되어 칼로 찌르는 것 같은 상처를 준다.

나의 아버지는 토건업과 농사 일을 하셨고 말 많고 탈 많은 시골 동네에서 10년 넘게 이장을 하셨다. 근면 성실과 정직이 무기인 아버지는 법 없이도 사실 분이지만 때로는 지나치게 고지식하고 융통성이 없어 동네 주민들과 마찰이 종종 있으셨다. 국회의원보다 사실은 그 뒤에 보좌진들의 역할이 더 많은 것처럼 공식적으로 마을을 대표하는 것은 아버지였지만 비공식적으로 그 뒷수습을 감당해야 하는 건 어머니의 몫이었다.

"10년이면 강산도 변한다."라고 하는데 10년 넘는 세월 동안 얼마나 많은 일이 있었겠는가. 최 씨 고집이 세다고 하지만 김 씨 고집도 만만치 않아서 한번 마음을 정한 일은 끝까지 밀어붙이는 성격으로 주변에서 아무리 만류를 해도 소용이 없으셨다. 아버지의 그런 성격 때문에 의도했든 의도하지 않았든 구설에 휘말려 사람들의 입방아에 오르내리는 일이 자주 있으셨다. 아버지가 이장을 보실 때 어머니는 멀티플레이어가 되어야만 하셨다.

집안일과 농사일을 하시면서 틈틈이 마을 일을 거들고 아버지의 변호인이 되어 억울함을 호소하고 결백함을 증명해야만 하셨다. 내가 보기에 두 분 다 지나치게 양심적이며 착하게 사시고자 노력하는 분들이라 너무 솔직하신 것도 때로는 문제가 되었다. 선의의 거짓말이라는 것도 있는데 돌려 말하는 법이 없으시고 말이 안 통하는 것 같다 싶으면 입을 닫고 그냥 참아 넘기는 것이 두 분의 대인관계 방법이었다.

사실 모든 이들에게 칭찬받고 존경을 받으려고 하는 마음은 위험한 것이다. 그렇게 참고 참다 자신도 모르게 한순간 '욱' 하고 튀어 오르는 말로 갈등의 불씨를 나 스스로 제공하는 꼴이 되고 만다. 내 감정에 솔직하고 적당히 욕먹고 사는 법도 한 가지 방법인데 어머니와 아버지에게는 용납이 안 되는 것이어서 항상 예민하게 받아들이셨다. 동네 말쟁이들은 마치 자신들이 기업의 면접관이라도 된 듯 아버지를 저울 위에 올려놓고 동네 이장감인지 아닌지와 능력을 수시로 저울질했다.

가족들의 속을 시끄럽게 하는 작은 우리 동네는 크고 작은 사건 사고가 끊이지 않고 일어났다. 주민들이 250명이 될까 말까 한데 도로 하나로 윗마을과 아랫마을이 갈라져 편을 먹고 그중에 말하기 좋아하는 사람들 서넛이 어울려 다니며 문제를 일으켰다. 주로 마을 회관에 모여앉아 누가 이러이러한 말을 했다더라며 꼬투리를 잡아 일어나는 일들로, 아버지를 구설수에 엮이게 하는 일들 대부분은 원인이 그놈의 '말' 때문이었다. 어머니는 그때마다 짜증 섞인 목소리로 언성을 높이시며 "제발 말조심 좀 해요."라고 하셨다.

"말이 많으면 허물을 면하기 어려우나 그 입술을 제어하는 자는 지혜가 있느니라"

- 잠언 10장 19절

우리는 끊임없이 사람을 만나고 헤어지기를 반복하며 살아간다. 사람을 대하는 것에 있어서 어떤 사람은 자연스럽고 누군가에게는 어려운 일이기도 하다. 아버지는 인정이 넘치고 온유한 분이셔서 사람들에게 인기가 많았지만, 관계 형성 기술은 부족하셨다. 말을 잘한다는 것은 상대방의 마음을 이해하는 것이다. 나의 언어가 아니라 상대방의 언어로 이야기해야 한다. 개떡같이 말해도 찰떡같이 알아듣는 사람은 별로 없다. 상대방이 받아들일 준비가 안 됐는데 내 판단과 기준으로 앞서 판단하고 미리 말을 꺼내면 오해와 불신의 싹만 자란다.

"사연을 듣기 전에 대답하는 자는 미련하여 욕을 당하느니라"

- 잠언 18장 13절

직장인들의 스트레스 1위는 업무가 아니라 대인관계였다. 업무는 실패해도 만회할 수 있지만 한번 얽혀버린 대인관계는 쉽게 만회할 수 있는 게 아니다. 우리의 삶은 수많은 대인관계 속에서 서로 얽히고설켜 있다. 말에는 날카로운 화살촉이 있어서 잘못 쏘아버리면 상대방과 자신에게 큰 고통으로 되돌아온다. 대부분 갈등과 상처는 말로 생기기 때문에 대인관계에서 성공하고자 한다면 말을 절제하고 정제하는 능력을 키우는 연습을 해야 할 것이다.

따지고 보면 뉴스에 나오는 사건들이 '누가 이렇게 저렇게 말해서 이렇게 행동했다.'라는 것이다. 정치인들의 말 한마디는 국민의 안녕과 생존이 직결된 문제이니만큼 말 한마디를 하더라도 더욱 신중하게 해야 한다. 말 한마디에 정치생명이 좌지우지되고 인기가 오르기도 하고 역으로 떨어지기도 한다. 연예인의 말 역시 사소한 말 한마디와 행동 하나가 청소년들에게 미치는 영향은 상당하므로 신중하고 또 신중해야 한다. 사회적 책임을 벗어날 수 없는 정치인이나 연예인이나 일단 뱉고 아니면 말고 식의 진실성 없고 책임감 없는 말은 지양해야 한다.

작은 시골 동네지만 그 속을 들여다보면 하는 일과 일어나는 일들이 정치판과 비슷하다. 항상 찬성하는 쪽과 반대하는 쪽이 있고 여당과 야당이 있어서 갈등을 피할 수 없다. 누가 맞고 누가 틀린 것이 아니라 서로 조화롭게 살아가는 것이 중요하다. 한 손으로는 절대 소리가 나지 않는다. '말'을 조심하고 서로서로 따뜻하게 품어주면 대인관계의 문제 대부분은 저절로 풀린다.

같이 울고 같이 웃는 사람이 되어라

살다 보면 우리는 애경사를 접하기 마련이다. 일의 시작보다 끝이 나은 것처럼 상대의 마음을 얻길 원한다면 이왕이면 잔칫집보다 초상집에 가라. 남의 경사는 가벼운 마음으로 축하하러 가지만 남의 애사에는 무거운 마음으로 위로를 해주러 간다. 잔칫집에 있는 사람은 위로가 필요 없지만, 초상집에 있는 사람은 위로가 필요한 약한 사람이다.

상혁이의 엄마는 베트남 여성으로 결혼이주여성이며 대학을 다니다가 중퇴를 하고 한국으로 시집을 왔다. 그녀의 남편은 가구점 사업을 했지만, 장사가 잘 되지 않았다. 불의의 교통사고가 있기 전까지 트럭에 과일을 싣고 이곳저곳을 다니며 파는 일을 하였다.

내가 사는 곳 가까이 용봉산이 있는데 산 전체가 바위산으로 기이한 절경을 보여주어 충남의 금강산이라 불린다. 그 끝자락에 관광객들이 단체로 많이 찾는 큰 목욕탕이 있다. 주말이면 그 넓은 주차장이 주차된 차들로 빼곡하다. 가끔 목욕하고 나오면 상혁이 아버지가 주차장에서 과일을 팔고 있었다.

사과도 팔고 포도도 팔아서 한 봉지씩 사주곤 했는데 장사하는 사람치고 살가운 성격은 아니었다. 얼굴을 아는 사이인데도 인사 한마디 건넬 줄을 몰랐다. '저렇게 장사를 하면 얼마나 파나? 손님이 와도 인사 한마디 없고.' 나는 속으로 은근 걱정이 되었다.

교회에서 가끔 마주쳐도 있는 듯 없는 듯 조용히 왔다가 가기에 인사 한 번 제대로 건넬 기회가 없었다. 상혁이가 태어나기 전까지 나 역시 상혁이의 엄마와 제대로 된 인사 한 번, 대화 한 번을 나누어본 적이 없다. 장사 수완이 없어서인지 열심히 살아도 상혁이네 형편은 크게 나아지지 않았다.

여느 날처럼 평범하던 저녁 상혁이의 아버지는 장사하는 트럭을 몰고 나갔다가 과속으로 달리던 덤프트럭과 충돌하여 영원히 사랑하는 가족들의 품을 떠나고 말았다. 상혁이의 나이는 네 살, 누나는 아홉 살이었다. 사고 소식을 듣고 어린 두 남매의 얼굴이 떠오르고 가슴이 아파서 주르륵 눈물이 났다. 장례식장에 도착하니 상혁이 아버지의 가족들과 교회식구들, 상혁이 엄마의 고향 친구들이 와 있었다.

우리 아이와 한 달 차이로 태어난 상혁이는 아무것도 모른 채 천진한 얼굴로 장난감을 갖고 놀고 있었다. 장례식장을 찾은 사람들은 남겨진 엄마와 두 아이를 보고 슬퍼했다. 기막힌 그 모습을 보고 뭐라고 위로를 해줄 말이 떠오르지 않았다. 사람들은 "아이고 어떡해, 아이고 불쌍해서 어떡해."를 낮게 중얼거릴 뿐이었다. 빨갛게 충혈된 멍한 눈으로 아이를 바라보고 있는 상혁이 엄마를 나는 끌어안았다. 그리고 한참을 같이 울었다.

"즐거워하는 자들과 함께 즐거워하고 우는 자들과 함께 울라"

— 로마서 12장 15절

내가 할 수 있는 최대의 공감은 그저 성경의 가르침대로 함께 우는 것이었다. 하나님은 우리가 슬픔에 빠진 자와 약한 자에게 관심 두기를 원하신다. 나는 같이 울어주는 것 그것 말고는 다른 아무 방법도 떠오르지 않았다. "삼가 고인의 명복을 빈다."라거나 "좋은 곳으로 가셨으니까 아이들 생각해서 힘내라." 또는 "어쩌다 이렇게 된 거야." 같은 말은 하지 않았다.

우리는 보통 힘든 상황에 있는 사람에게 의식적으로 "힘내."라는 말을 자주 한다. 그 말은 때로는 응원 그 이상도 그 이하도 아니어서 당사자에게 진정한 위로를 주지는 못한다. 위로자의 처지에서 마땅한 말이 떠오르지 않아서 그냥 "힘내."라고 말한다는 사실을 이미 상대도 알고 있고 힘내라고 말했다고 해서 지금 당장 힘을 낼 수 있는 것도 아니기 때문이다.

"힘내요." 말고 "기도할게요." 역시 가깝지도 않고 멀지도 않은 애매한 사이에 해줄 말이 딱히 없어서 자주 사용하는 말이기도 하다. 넓은 세상에 나 혼자 남겨진 것 같아 절망에 빠진 사람을 만난다면 차라리 말을 아끼고 조용히 곁을 지켜주어라. 당신에게 넓은 어깨가 있다면 어깨를 내주고 따뜻한 손이 있다면 손을 잡아주어라. 기쁜 일이 있으면 같이 웃고 슬픈 일이 있으면 같이 울어주어라.

상담심리학과 김태경 교수는 한 TV 프로그램에 나와서 이렇게 말했다. "힘내라고 말해서 힘낼 수 있는 사람이라면 힘내라고 말하지 않아도 힘이 날 것"이라고. 위로가 필요한 슬픈 사람을 만난다면 그저 의미 없이 "힘내라."라는 말 대신 손 한번 뜨겁게 잡아주어라. 손은 자연적인 온도를 갖고 있다. 손 온도는 다양한 기억이 있고 상대를 끌어당기는 에너지를 갖고 있어서 마주 잡은 것만으로 "힘내"라는 말보다 더 큰 힘을 발휘하기도 한다. 내 손과 상대방의 손을 마주 잡으면 미세한 온도의 차이가 느껴진다. 그것은 손을 잡기 전에는 결코 알 수 없는 것이다. 손 온도는 손을 잡은 사람을 기억하게 한다.

장례를 마치고 당장 돈을 벌어야 하는 상혁이 엄마는 선물점의 아르바이트 자리를 얻어 일하기 시작했다. 엄마가 경제 활동을 하는 동안 어린 남매를 돌봐줄 사람이 필요했기 때문에 베트남의 외할머니께서 양육 지원 목적으로 비자를 받아 한국에 들어오셨다. 상혁이의 엄마는 주말에도 일을 나가서 피곤한 몸을 이끌고 밤늦게야 돌아왔다. 아이들은 학교와 교회 가는 것 빼고 온종일 말도 안 통하는 외할머니와 집 안에서 갇혀 지냈다.

그 모습이 안쓰러워 시간이 날 때마다 나와 남편은 가족 나들이에 두 남매를 데리고 다녔다. 외할머니와는 인터넷의 번역기로 의사소통을 하였고 걱정하지 않도록 아이들이 노는 모습과 밥 먹는 모습을 찍어 사진을 보내고 안심시켜 드렸다. 상혁이는 친구가 있어서인지 낯도 안 가리고 음식도 특별히 가리는 것이 없어서 같이 데리고 다니는 일이 그렇게 어려운 일은 아니었다.

상대의 마음을 얻는 공감대화법

세월이 흐르고 상혁이 엄마가 차츰 마음의 안정을 찾으면서 같이 꽃 구경도 가고 축제 구경도 갔다. 상혁이 엄마도 나를 친언니처럼 잘 따르고 우리 아이들도 예뻐해서 어느덧 허물없는 사이가 되었다. 내가 어쩌다 가끔 하는 부탁에 대해서도 싫은 기색 없이 자기 일처럼 잘 도와준다. 같이 기뻐하고 같이 우는 것 말고 다른 특별한 것을 더하지 않았다. 내가 할 수 있는 것을 했고 그저 마음을 나누었을 뿐이다.

나는 외할아버지와 외할머니의 얼굴을 뵌 적이 없다. 외할아버지는 어머니가 기억도 못 하는 세 살에 돌아가시고 외할머니는 어머니가 아홉 살 때 돌아가셨다. 철없는 어린 시절에 동네 친구들이 외갓집에 다녀온 얘기를 늘어지게 자랑하면 갈 외갓집이 없는 나는 그저 속상하였다.

"엄마, 나는 왜 외할머니도 없고 외할아버지도 없어요?"
"그래, 없지. 너무 일찍 돌아가셔서….”

투덜거리며 물어보는 나에게 어머니는 말끝을 흐리며 힘없이 대답하셨다. 가끔 어머니가 옛 기억을 더듬어 외할머니 이야기를 들려주시곤 했는데 나는 그 이야기가 너무 재미있었다. 외할머니는 정이 많은 분이셨다. 동네 궂은일도 마다하지 않고 어려운 형편임에도 그보다 못한 사람들을 도와주고 정을 베푸셨다고 한다. 이웃집 아주머니가 아기를 낳고 차가운 방바닥에 누워 끼니도 못 챙기고 있는 것이 안타까워서 아주머니의 남편 몰래 미역국을 끓여 먹이셨다고 한다.

그 아주머니는 딸만 다섯을 낳으셨는데 아들 못 낳는 죄로 시어머니와 남편에게 심한 구박을 받으셨다. 아기를 낳았는데 산후조리는커녕 또 딸을 낳았다고 구박만 받고 죄인처럼 눈치를 보셨다. 아들도 못 낳는 주제에 언제까지 누워서 빈둥거릴 거냐고 사흘도 안 된 며느리에게 빨래를 시켜서 외할머니가 심지어 그 집 빨래까지 해주셨다고 한다.

요즘 같으면 배우자의 직계가족으로부터 심히 부당한 대우를 받아 시댁 갈등 이혼 사유가 될 수 있는 그런 일이다. 과학적으로 남녀의 성별을 결정하는 유전자는 남성 측에 있다는 사실만 알았어도 그렇게 눈치를 보며 살지는 않으셨을 것인데 불과 몇십 년 전 대한민국은 남자아이가 태어날 때까지 출산을 강요하는 사회였다.

외할머니는 그 아주머니에게 그냥 옆집 아주머니가 아니라 어머니 같고 언니 같고 친구 같은 존재였을 것이다. 기쁠 때 같이 웃고 외롭고 힘들 때 같이 울어주는 사람이고 의지가 되고 힘이 되는 사람이었을 것이다. 그런 외할머니가 돌아가셨을 때 아주머니는 마치 가족이라도 돌아가신 것처럼 서럽게 우셨다고 한다. 외할머니가 그러셨던 것처럼 아주머니는 어린 어머니의 손을 따뜻하게 잡아주었다.

손 온도는 나와 너의 마음이 전해지는 온도이고 손을 잡은 사람을 기억하게 하는 힘이 있다. 오늘 나의 발걸음이 위로와 사랑이 필요한 곳을 찾고 나의 손이 위로하는 손이 된다면 당신은 상대의 마음을 얻게 될 것이다.

"함께 웃은 사람은 잊을 수 있지만, 함께 운 사람은 잊을 수 없는 법이다."

― 아라비아 속담

04

저 친구, 사람은 착한데 왜 마음이 안 갈까?

착하다는 것은 언행이나 마음씨가 곱고 바르며 상냥하다는 것이다. 착하다는 것은 곧 바른 것이라는 긍정적 의미가 있지만, 부정적 의미도 있다. 착한 아이 콤플렉스(Good boy syndrome)는 가토 다이조의 자녀교육서 『착한 아이의 비극』에서 제안한 신조어로, 타인에게서 착한 아이라는 반응을 듣기 위해 내면의 욕구나 소망을 억압하는 말과 행동을 반복하는 심리적 콤플렉스를 뜻한다. 이는 그대로 성장하게 된 어른에게는 '착한 아이' 대신 '착한 여자, 착한 남자, 좋은 사람' 등으로 바꿔 부르기도 한다.

현대 사회에서 착하다는 것이 더 이상 긍정적 의미로만 사용되지 않는 것은 그만큼 사회가 영악해졌기 때문일 수 있다. 영어로 번역하기도 까다로운 우리말 중에 '착하다'는 한국적 문화가 다소 반영된 형용사로 영어의 good, nice, sweet 등의 단어로 표현할 수 있다. 착하다는 말에는 배려심이 많고 남을 먼저 생각하는 착한 마음씨와 행동을 포함하고 있는데 오늘날은 '품질이나 성능에 비해 물건값이 싸다', '얼굴이 예쁘다', '몸매가 좋다', '음식이 맛있다', '재미있다' 등을 '착하다'라는 한마디에 몽땅 담아 에둘러 표현하기도 한다.

우리가 잘 알고 있는 이야기 '토끼와 거북이'의 거북이는 자신의 단점에 굴하지 않고 열심히 노력해서 어떤 일을 끝까지 해내는 성실하고 착한 사람을 반영한다. 반면 토끼는 자신의 강점을 잘 알고 똑똑하면서 빠르지만 자만하다 결국 성실한 거북이에게 경주에서 지는 불성실하고 착하지 못한 사람을 대변한다.

직장이라면 토끼의 문제는 근무 태만과 근무 태도 불량이다. 근로자(경주자)가 정당한 이유 없이 소정의 근무 시간(경주 시간)에 근로(경주)를 제대로 하지 않았고 근무(경주)의 성과가 현저히 낮으며 신뢰 관계를 상실했기 때문이다. 그러나 토끼가 잠깐 방심(악역을 맡았기 때문)을 해주었기(?) 때문에 거북이가 이길 수 있었던 것일지 모른다. 토끼는 어이없게 경주에서 진 뒤 집으로 돌아와 실패의 원인을 분석하고 똑같은 실수를 하지 않겠다고 굳은 다짐을 하고 전략을 세웠다.

거북이는 승리를 축하하기 위해 모인 파티에서 친구들에게 '끝까지 포기하지 않고 노력하면 반드시 토끼를 이긴다.'라는 메시지를 전하는 본보기가 되었고 밤새 신나게 놀았다. 그러나 앞으로도 계속해서 토끼를 이길 수 있을까? 토끼의 잠깐 방심으로 경기에서 이긴 거북이는 승리를 축하하고 이겼다는 사실에 기뻐만 했지 앞으로의 대책은 전혀 세우지 않았다. 자신의 장단점을 파악하고 경기에 임해야 다음번 경주에서도 토끼를 이길 수 있는 것인데 그저 '포기하지 않고 노력하면 반드시 이긴다.'라는 맹목적인 믿음으로 어떤 준비도 하지 않았다. 착하다는 것은 어쩌면 조직이나 개인에게 착하지 않은 일이 될 수 있고 답답한 것일 수 있다.

요즘은 조직이나 개인이나 '거북이보다 토끼' 같은 사람을 선호한다. 토끼 같은 사람은 센스 있는 사람이다. 쓸데없는 자존심을 세우지 않고 잘못한 건 깔끔하게 인정한다. 깨달은 게 많은 토끼는 경주에서 낮잠을 잤던 것은 자만한 결과였고 다음번 경주에서는 절대 똑같은 실수를 반복하지 않겠다고 다짐하고 대책을 세운다. 센스 있는 사람은 자기 관리를 잘한다. 그렇다면 열심히 노력만 하면 인생에서 우리가 원하는 것을 손에 쥘 수 있을까? 거북이처럼 성실하게 열심히 일하고 한눈팔지 않고 목표를 향해 가면 토끼도 이기고 반드시 이긴다고 우리는 수도 없이 들어왔다. 그래서 정말 거북이처럼 묵묵히 열심히 일했다. 그런데 결과는? 내가 목표를 향해 이만큼 다가가면 어느새 그 목표 지점은 또 저만치 달려나가 있다. 그럼 또 그 멀어진 목표 지점을 향해 열심히 달려가는 악순환의 반복만 일어나다 세월 다 간다. 성실함을 무기로 무작정 들이댈 것이 아니라 필승 전략을 세워야 한다.

좋은 게 좋은 거고 착한 이미지를 갖고 싶어 하는 거북이 같은 사람은 어디든 있기 마련인데 착한 이미지를 갖고 싶어 하는 사람은 직장에서 일은 뒷전이고 사교 활동이 먼저라서 할 말(쓴소리)조차 안 하는 사람이다. 악역은 누군가 해야 해서 목표지향적인 토끼 같은 사람이 대부분 악역을 맡는데 이 사람들은 일은 잘하지만 안 착한 사람 취급을 받는다. 그러나 쓴소리를 하는 사람이 안 착한 사람이 아니라 일에서 사적 감정을 내세우며 '착한 사람 병'에 걸린 사람이 사실은 안 착한 사람이다.

진짜 착한 사람은 자신의 위치에서 맡겨진 책임을 다하고 현재에 안주하지 않고 나의 단점을 끊임없이 보완하고 장점을 업그레이드하는 사람이다. 또 그 사람들은 이해력이 빨라서 대화도 잘 통하고 일방적이지 않고 일을 잘한다. 착한 이미지의 사람은 착한 것 말고는 아무것도 없는 경우가 대부분이어서 경쟁력도 없고 매력도 없다.

오늘날의 '착한 것'과 거리가 있는 그 사람들은 바로 사람을 끌어당기는 힘! 매력이 없다. 인터넷에 가끔 여자친구나 남자친구가 '착한데 마음이 안 가서 괴롭다. 나한테 잘해주고 능력도 있지만 끌리지 않는다. 헤어지고 싶은데 미안해서 말을 못 하겠다.' 하는 글들이 올라온다. 거기에 달리는 댓글들을 보면 복에 겨워서 그런다, 상대의 외모가 별로라서 그렇다, 센스(눈치)가 없다, 대화가 안 통한다, 성적 매력이 없다 등 마음이 안 가는 이유에 대한 갖가지 추측과 온갖 자신들의 경험담이 주를 이룬다.

그중 센스(sense)가 없는 사람은 한마디로 마음이 안 간다. 사람이건 일이건 착하긴 한데 눈치코치가 없는 답답한 경우로 이런 사람들은 센스(눈치)를 밥 말아 먹어서 낄 때 끼고 빠질 때 빠지는 법이 없다. 센스(sense)는 감각이나 판단력이 좋다는 것인데 할 말 안 할 말 가려서 할 줄도 몰라서 상대방을 가끔 난처하게 하기도 한다. 사실은 이런저런 갖가지 이유를 갖다 붙여봤자 '착한 여자, 착한 남자, 좋은 사람'은 내 곁에 가까이 두기는 싫고 남에게 주기도 싫은 사람들이다.

어설프게 착한 이런 사람들은 정말 자기 관리가 필요한 사람들이다. 자기 관리는 나이 먹어서 하는 게 아니라 지금 당장 하는 것이고 매일 하는 것이다. 자기 관리는 먼저 나를 이해하고 나를 사랑하는 것인데 혹시 내가 어디서 소모품 같은 취급을 받고 있다는 느낌이 온다면 바로 알아차리고 나를 위한 시간을 투자하기 바란다. 건강, 체력, 외모 등 외적인 이미지를 만들고 내적으로도 빈 깡통 소리가 나지 않도록 책을 읽고 공부하기를 바란다.

자기 관리는 모든 일의 시작이다. 사람 착하고 좋아 보여서 친해지려고 다가갔는데 대화를 해보니 말도 안 통하고 자세히 보니 외모 가꾼 지는 한참 전인 것 같이 보인다면 갑자기 그 사람에 관한 호의가 혐오로 바뀔 수 있다. 착한 사람들은 누군가에게 의지하고 기대려는 성향이 강한데 험한 세상에서 난관을 극복하고 살아내는 것은 내가 할 일이지 누가 대신해줄 수 없다.

직업을 잃었거나 사업에서 실패했거나 실연을 당했다고 가정해보자. 우울하고 지치고 슬픔에 빠져서 아마도 몸져누울 것이다. 마음은 점점 초조해지고 걸핏하면 주변 사람들에게 짜증을 내고 날마다 눈물 바람을 할 것이다. 형편이 좋을 때의 동지들은 행여나 들러붙을까 봐 진드기 취급을 하고 당신을 피할 것이며 지나가는 바람 한 점마저도 나를 꾸짖는 것처럼 느껴질 것이다.

그렇지만 이제 마음부터 달리 먹어보자. '실패는 이미 지나간 일이다. 깨끗이 잊어버리고 다시 시작하자.' 우울증에 빠져 자신을 책망하고 미워하며 시간을 허비하기엔 인생은 너무 짧고 유한하다. 그래 봤자 달라지는 건 아무것도 없다. 실패가 갑자기 성공으로 바뀌지도 않는다. '인간이니까 실수할 수 있지.'라고 생각하고 똑같은 실수를 두 번 되풀이하지 않도록 문제점을 찾고 노력하고 변화하기 바란다. 마음을 바꿔 먹는 것, 모든 것의 시작은 마음에 있다.

사람은 착한데 마음이 안 가는 사람들은 자기부정과 자기혐오에 빠진 사람들이 대부분이다. 나 자신을 믿지 못하고 자신감이 없어서 누군가를 항상 의지하고 나를 사랑하지 못하니 막상 남도 사랑할 수 없다. 자아상이 약하면 매사에 부정적이고 소극적이며 잡념이 많아진다. 그런 사람에게 어느 누가 먼저 다가가고 마음을 주려고 할까. 그런 사람이 기댈 수 있는 것은 자신의 도움뿐이다.

스스로 자책하는 말을 끊임없이 중얼거리는 것은 가장 좋은 벗인 자신의 자아상을 말살하는 것이다. 자아상을 키우기 위해서 과거에 성공했던 경험을 떠올려보자. 실패한 부분은 기억하지 말고 성공했던 부분만 기억하고 집중하는 것이다. 그런데 과장하거나 자만은 절대 금물이다. 그것도 또 하나의 열등감에 지나지 않기 때문이다.

토끼는 거북이와의 두 번째 경주에서 이겨서 무너진 자존심을 회복했고 내가 이겨야 할 것은 거북이가 아니라 토끼 자신이라는 것도 깨달았다.

격려하고 응원하는 사람이 되라

전 세계를 강타한 코로나19 팬데믹(세계적 대유행)의 공포가 벌써 2년 넘게 우리를 위협하고 있다. 이 계절이 가면 끝나겠지, 올해가 가면 끝나겠지 했는데 벌써 2년 차다. 그러는 사이 사람들은 마스크와 사회적 거리 두기에 익숙해졌고, 외출했다 돌아오면 반드시 손발을 깨끗이 씻는 등 개인 위생도 더욱 철저하게 신경 쓰게 되었다. 코로나19로 세계 각국은 집단 쇼크 상태가 되었다.

사회적 갈등이 심화되고 그로 인한 경제적 피해는 천문학적이며 사회 계층 간 불평등을 초래하고 정부의 방역 규제는 또 다른 사회 갈등으로 이어졌다. 코로나19는 국민의 일상에도 직간접적으로 영향을 미쳤다. 방콕과 집콕 생활이 이어지면서 비대면이라는 단어 사용이 익숙해졌고 2020학번 대학생들은 코로나 학번이라는 말까지 생겼다.

온라인 수업, 온라인 회의, 온라인 팬 미팅, 온라인 쇼핑, 온라인 예배, 온라인 강의 등이 활성화되었고 각종 애경사(돌잔치, 결혼, 칠순 잔치, 팔순 잔치, 장례 등)에 직계가족들을 제외하고 왕래하는 손님이 거의 없다. 우리의 고유한 명절 풍경이 달라졌고 온라인 세배를 드리고 온라인으로 세뱃돈을 송금받는다. 한쪽이 온라인으로 활개 치는 동안 중소 규모 자영업자들의 생계가 직접 위협을 받기도 하였다. 국민은 보이지 않는 온갖 스트레스를 힘겹게 견뎌내고 있다.

코로나 팬데믹 상황에서 그 스트레스 정도가 가장 심한 것은 아마도 최전선에서 환자들을 마주 대하는 의료진들일 것이다. 많은 연구에서 감염병 진료 현장의 의료진들은 공포, 짜증, 불안, 분노, 외로움, 무력감, 가족을 전염시킬 수 있다는 죄책감 등 다양한 형태의 감정을 느끼고 있으며 스트레스를 받고 있다고 하였다.

사명감으로 헌신을 마다하지 않는 의료진들에게 위로와 격려가 어느 때보다 절실한 때이다. 내가 사는 지역의 의료원에도 눈코 뜰 새 없이 바쁜 의료진들에게 고맙다는 메시지는 물론 간단한 간식거리를 전하는 격려의 손길이 이어져 사람들의 마음을 훈훈하게 했다. 각박한 세상에 응원과 격려는 서로를 보듬는 최고의 자양강장제이다.

내가 태어나고 자란 마을은 죽림리인데 대나무가 많아서 붙여진 이름이라고 한다. 대나무의 꽃말은 '인내'이다. 대나무는 싹을 틔우기 전 어두운 땅속에서 5~10년간 뿌리를 내리며 성장을 위한 준비 과정을 겪고 하루에 수십 센티미터씩 엄청난 속도로 자라서 하늘을 향해 꼿꼿이 뻗어가며 단단한 자태를 뽐낸다. 응원과 격려는 대나무를 키우는 인내와 같아서 좌절과 고통, 절망과 슬럼프에 빠진 사람들을 힘차게 발돋움하게 하는 삶의 에너지가 된다.

2020년 가을 〈오마이뉴스〉에 "동네 소아과 의사가 아프자 주민들이 한 일"이라는 제목의 기사가 났다. 충남 홍성군 홍성읍에 있는 한 소아과 병원의 문 앞에는 주민들이 병원장의 쾌유를 빌며 응원하는 목소리를 담은 메모지를 가득 붙여놓아 화제가 되었다.

"빨리 쾌차하셔서 웃는 얼굴 보고 싶어요."
"우리 아이들 건강을 지켜주신 원장님, 건강하시길 기원합니다."
"원장님 건강 회복하고 빨리 돌아오세요."

투병 중인 소아과 의사에게 보내는 격려의 글이다. 2004년 홍성읍에 개원하여 16년 가까이 병원을 운영해오던 박 원장은 건강상의 이유로 보건소에 휴업신고를 하고 휴원 중이었다.

이를 모르고 병원을 찾았던 환자와 보호자들이 발걸음을 돌려야 했고 휴원 소식을 접한 사람들이 안타까운 마음으로 박 원장의 쾌유를 비는 뭉클 쪽지를 하나둘 남기기 시작했다. 메시지에는 박 원장과의 추억과 고마움이 고스란히 담겨 있는데 글을 모르는 아이들은 정성껏 그림을 그려서 붙여놓기도 했다. 거기 적힌 내용은 박 원장이 의사로서 어떠한 사람인지를 짐작할 수 있게 한다. 메모지들 한가운데 자리를 차지하고 있던 흰 종이에는 이런 글이 적혀 있었다.

"홍성에서 10년 넘게 살면서 어린 아들이 밤새 열이 나 이불째 들고 왔을 때나, 주사 맞기 싫다고 집에서부터 입이 나와 결국 문 앞에서 뻗대는 놈을 끌고 오던 때나, 말이 늦어 한 걱정일 때 영유아 검사하며 아직은 괜찮다고 해주실 때나, 언제나 친절하게 진료하고 설명해 주시는 선생님은 초보 엄마인 제게 큰 위로이자 믿는 구석이었어요. 그렇게 애먹이던 아들은 어느새 목소리도 굵어지고 다리에 털도 부숭부숭한 사춘기 반항아가 되었습니다. 모두 선생님 덕분이에요. 정말 감사합니다. 부디 쾌차하셔서 건강한 모습 뵙고 인사드릴 수 있었으면 좋겠습니다."

영유아 건강검진과 각종 예방접종, 진료를 보기 위해 병원을 찾았던 주민들이 병원장이 아프다는 소리에 자발적으로 한 일이다. 실제로도 박 원장을 만나면 단번에 따뜻한 사람인 것을 알게 된다. 간혹 어떤 병원은 환자와 보호자에게 퉁명스럽게 대해 치료받으러 갔다가 마음에 상처만 받고 돌아오기도 한다. 박 원장은 소아과 의사로서 아이들 눈높이에 맞춘 진료를 하고 아이에게 눈을 맞추며 한 명 한 명 이름을 불러주었다.

보호자들이 이해를 못 했거나 잘못 알아들었을 때 재차 질문해도 면박을 주거나 짜증을 내지 않았다. 아이들이야 모르니 그렇지만 가끔 의사들이 환자를 대하는 태도에 따라 보호자들은 우리가 돈이거나 물건 취급받은 거 같은 생각에 언짢을 때가 많다. 박 원장은 진심으로 환자와 보호자를 대했고 그 마음이 더해져 사람들은 그가 아프다는 소식을 듣고 마치 내 가족의 일처럼 걱정하고 빠른 쾌유를 빌며 응원과 격려를 보낸 것이다.

지역 맘 카페에선 2020년 여름부터 "갈 때마다 병원문이 닫혀 있어 걱정된다, 무슨 일이 있나?" 하고 걱정하고 궁금해하는 글들이 종종 올라왔다. 그러다 올봄 5월에 복귀 소식을 알리는 감동 문자를 받았다는 소식이 올라왔고 아이가 아프진 않지만, 원장님 보러 그냥 다녀오고 싶다는 댓글들도 달렸다.

다음은 원장님이 보낸 문자의 내용이다.

복귀 인사드립니다. 힘들고 지친 오랜 시간이었습니다. 두려움과 고통의 무게가 너무 버거워 흐느낄 때 따뜻한 사랑과 가슴 벅찬 응원을 보내주셨습니다. 그 힘으로 이겨낼 수 있었습니다. 그 덕택으로 다시 진료실에 오게 되었습니다. 저의 온 마음으로 감사의 인사 올립니다. 감사하고 또 감사하고 고맙습니다. 더 성숙한 모습으로 더 노력하겠습니다. 항상 온 가족이 건강하시기 바랍니다. 코로나19로 세상이 어렵지만 가까이에 있는 행복을 크게 누리시기 바랍니다. 삶에 축복이 가득하시길 빕니다.

2021.05.17.
박○○ 소아청소년과 원장, 박○○ 올림.

그 글을 보고 나 역시도 원장님이 어떠신지 궁금해서 빨리 가보고 싶어졌다. 간호사는 원장님이 살짝 야위신 것 말고는 모든 게 그대로라고 했다.

원장님은 진료실에 들어서는 아이를 환한 미소로 반갑게 맞아주고 장난도 치시며 아이가 겁먹지 않도록 배려해주신다. 원장님의 장난에 기분이 좋아진 아이가 긴장을 풀고 엄마 뒤에 숨어 있다가 얼굴을 빼꼼 내밀었다.

힘에 겨워 지치고 상처받아 쓰러져 있는 사람들에게 진심 어린 응원과 격려는 저 깊은 마음속에서 뜨거운 마음이 솟아나게 하고 다시 해보자는 다짐을 하게 만든다. 기어코 높은 담을 올라 넘어서는 담쟁이 넝쿨처럼 희망이 자라나게 하고 몸 구석구석 퍼져나가 힘이 나게 한다. 축구나 야구 같은 스포츠 경기에서 노래를 부르거나 손뼉을 치고 응원 도구를 흔들며 용기를 북돋워주면 더 좋은 결과를 기대할 수 있다. 따듯한 말이나 행동으로 힘과 용기가 솟아나도록 돕는 것이 바로, 다름 아닌 격려이다.

누군가 내 옆에서 항상 나를 응원하고 격려하는 사람이 있다면 감사하고 그 사람을 귀하게 대접하길 바란다. 감사는 그냥 의욕만으로 저절로 되는 게 아니라 연습을 통해서 감사의 에너지를 불러올 수 있다.

아침에 눈을 뜨자마자 잠자리에서 일어나 스마트폰을 켜기 전에 새로운 하루가 주어진 것을 감사하고 잠자리에 들어서도 하루를 무사히 보낸 것과 있었던 일에 감사하고 기도하기 바란다.

감사는 습관이다. 감사 노트를 작성해보는 것도 좋은 방법이다. 한 줄 두 줄 적다 보면 생각보다 감사한 일들이 많은 것에 놀라게 된다. 감사하면 감사한 일들이 줄줄이 나를 따라오는 것을 경험하게 될 것이다. 또 응원과 격려를 바라지만 말고 감사한 마음으로 먼저 응원하고 격려하는 사람이 되길 바란다.

세상의 모든 일은 사랑을 심은 곳엔 사랑이 자라고 미움을 심은 곳엔 미움이 자란다. 내가 듣고 싶은 말과 행동을 남에게 먼저 하면 다른 사람들이 나를 응원하고 격려하기 시작한다. 나는 어떤 사람인가? 응원하고 격려하는 사람인가? 누군가의 기를 꺾고 주눅 들게 하는 사람인가?

"다른 사람을 격려하지 못하는 사람은 이미 좌절하고 있다."

– 알프레드 아들러(오스트리아의 정신의학자)

06

상대의 사소한 장점을 기억하라

　사랑에 빠지면 상대의 사소한 것 하나까지 의미가 있고 아름답게 보이고 특별해 보인다. 그래서 눈에 콩깍지가 씌었다는 것은 사랑에 빠졌다는 것이고 상대의 단점 따위 보일 리가 없다. 눈멀고 귀먹고 말 못 하는 벙어리가 되어버리는 것이기에 내 눈에 상대의 단점까지도 예뻐 보이고 장점처럼 보인다. 눈에 콩깍지가 씐 사람만큼 열정적이고 무서운 사람도 없다. 대한민국의 유명한 트로트 가수 장윤정이 부른 〈콩깍지〉에 나오는 가사 일부이다.

　이러쿵저러쿵 간섭하지 마. 아무것도 보이지 않아.

저러쿵 이러쿵 시비 걸지 마. 내 눈엔 그 사람만 보여.

그런데 내 눈에 그 사람만 보이는 기간이 겨우 2~3년이라고 한다. 미국 코넬대학교 인간행동연구소의 연구 결과 사랑의 유효 기간은 평균 18~30개월 정도로 900일 정도이다. 사랑에 빠졌을 때 도파민이란 신경 전달물질이 분비되는데 이것은 뇌 신경세포의 흥분을 전달하는 역할을 하며 우리가 쾌락이라는 감정을 느낄 때 분비되는 호르몬으로 기쁜 감정을 제어한다. 이것은 가장 강력한 천연 각성제 중 하나이다.

첫째, 사랑에 빠진 사람의 뇌는 마약 중독자의 뇌 활동과 놀라울 정도로 비슷하다고 한다.

둘째, 뇌가 실제로 망가지게 되는데 인지 능력과 사고 능력을 담당하고 일상생활에서 동기를 불어넣는 역할을 상실하게 된다고 한다.

눈에 콩깍지가 씌면 열정적이고 감성적인 사람이 되고 객관적이거나 합리적인 사고를 하지 못하지만 900일이면 사랑의 콩깍지가 벗겨져 시간이 지날수록 이성적으로 판단하게 된다. 나이가 들어서도 금실이 좋은 노부부들의 사랑은 열정적 사랑보다 동지적 우정에 가까운 감정이라고 볼 수 있다. 그 사랑의 비결은 상대와 어떻게 소통해야 하는가를 알고 상대를 있는 그대로 수용하고 가꾸고 보살피는 것인데 가장 좋은 방법은 상대의 사소한 장점을 기억하는 것이다.

상대에게 관심을 가져야 비로소 그 사람의 사소한 장점이 보이는데 사소한 관심은 결코 사소한 것이 아니다. 상대에게 관심을 보이는 것은 애정을 기울이는 것이고 나와의 관계를 발전시키는 데 큰 힘을 발휘하며 호감도를 높이는 일등공신이다. 익숙해져서 편한 사람, 친한 사람이면 일수록 상대의 변화에 민감하게 반응을 해주어야 한다.

'사랑'의 반대말은 '미움'이 아니라 '무관심'이라고 하였다. 내가 싫어하는 사람에게 제일 먼저 보이는 행동은 바로 '무관심'이다. '무관심'은 누군가의 열등감을 자극하고 모욕감과 수치심을 불러일으킨다. 내가 상대에게 무시 받았다는 느낌을 받게 되면 그 감정은 혐오와 증오로 바뀌게 되고 각종 범죄의 직간접적인 원인이 되기도 한다.

누군가를 미워하는 데는 나의 에너지가 소비된다. 사랑에 빠진 사람이 온종일 사랑하는 사람만 생각하듯이 미워하는 사람은 온종일 미운 사람만 생각한다. 미워하는 것은 그만큼 많은 에너지를 소비하기 때문에 사람들은 누군가에게 싫다는 의사 표현을 정확하게 하고 싶을 때 최후의 수단으로 '무관심'을 선택한다. 미워할 거리를 찾으려고 '관심'을 갖고 눈에 불을 켜고 찾기 때문에 차라리 미워하기라도 하면 다행이다.

관계를 발전시키는 것은 사소한 관심들이 쌓여서 이루어지는 것이며 사람은 자신에게 관심을 보이고 자신의 말을 들어주는 사람에게 마음을 열게 되어 있다. 사람은 누구나 관심받기를 원하고 자신의 존재를 인정받고 확인받고 싶어 한다. 이 책을 쓰고 있는 나도 독자들에게 관심과 인정을 받고 싶다.

작곡자이자 피아니스트이기도 한 노영심은 1980년대 후반 가요계를 평정했던 대한민국 발라드의 레전드 변진섭의 〈희망 사항〉을 작사·작곡하였고 1992년에 가수로 데뷔하였다.

그녀가 담백하게 불렀던 〈별걸 다 기억하는 남자〉의 가사 일부이다.

우리 동네 목욕탕 정기휴일은 첫째 셋째 수요일에 쉬는지
아니면 둘째 넷째 수요일에 쉬는지 혹시 기억할 수 있을까?
나를 둘러싼 수많은 모습과 내 마음속의 깊은 표정까지도
오직 나만의 것으로 이해해주는 별걸 다 기억하는 남자

내가 무슨 옷을 입었는지 어떤 말을 했는지 시시콜콜한 걸 기억하고, 내가 미처 깨닫지 못한 내 모습을 기억하고 나도 모르는 나를 일깨워주듯이 볼 때마다 새로움을 주는 사람.

그 어떤 능력보다 소중하다는 이 가사는 별거지만 별거 아닌 것으로 별것을 기억하는 남자가 특별하게 느껴지는 내용을 담고 있다. 사실 별걸 다 기억하는 남자는 여자에게 감동으로 다가온다. 기억하는 것은 상대에 관한 관심과 존중의 표현이기 때문이다.

별걸 다 기억하기 위해서 남자는 여자의 사소한 것들을 관심 있게 지켜보고 여자의 사소한 말 한마디라도 흘려듣지 않고 귀담아들어야 가능하다. 상대가 하는 말에는 때론 중요한 고급 정보가 담겨 있기 때문에 사소한 정보란 없다. 어떤 사람을 내 편으로 만들기 위해서 아무리 사소한 정보라도 소홀히 해서는 안 된다. 때로는 작은 정보 하나가 관계를 호전시키고 자신의 지지자로 만드는 데 결정적 역할을 하기 때문이다.

상대의 장점을 홍보하는 데 주저하지 말고 열렬한 홍보대사가 되어야 한다. 다른 사람의 장점을 홍보하는 것은 곧 자신을 홍보하는 것과 마찬가지라고 하였다.

사람은 자신이 보고자 하는 것만 보게 된다. 사람의 눈에는 다른 사람의 단점이 먼저 보이기 마련이고 상대의 단점이 보인다면 그것은 일부러 단점만을 찾아서 보려고 했기 때문이다. 그런데 나의 단점은 나 스스로 알아차리기가 어렵다. 성경 마태복음에는 이런 말씀이 있다.

"어찌하여 형제의 눈 속에 있는 티는 보고 네 눈 속에 있는 들보는 깨닫지 못하느냐 보라 네 눈 속에 들보가 있는데 어찌하여 형제에게 말하기를 나로 네 눈 속에 있는 티를 빼게 하라 하겠느냐 외식하는 자여 먼저 네 눈 속에서 들보를 빼어라 그 후에야 밝히 보고 형제의 눈 속에서 티를 빼리라"

— 마태복음 7장 3∼5절

모든 사람과 친하게 지낼 필요는 없지만 나와 잠깐이라도 스쳐 지나간 인연이라면 이제부터 상대의 장점과 강점을 찾아보고 그 소중한 인연을 인간관계로 발전시켜보자. 이 세상에 태어나 죽을 때까지 잠깐이라도 스쳐 지날 확률이 없는 사람들이 얼마나 많은가를 생각해보라. 상대의 좋은 점을 찾아보고 격려하고 배우려고 노력해도 모자란 시간을 상대의 나쁜 점만 골라서 지적하고 단점만 파헤친다면 나에게 무엇이 유익한가?

그중에 어떤 사람들은 자신의 한계나 단점은 잘 알고 있지만 스스로 인정하기가 어려워 외면하고 있기도 하다. 스스로 잘 알고 있고 숨기고 싶어 하는 것을 굳이 들춰내서 확인사살을 하는 것은, 자신을 상대에게 밉상으로 여겨지게 하는 지혜롭지 못한 방법이다. 명심보감에서 나의 단점을 지적해준 사람은 스승이요 나를 칭찬해준 사람은 해로움을 주는 사람이라고 하였다.

상대의 단점을 조롱하지 않고 지적할 수 있다면 그 사람과 아군이 될 수 있지만, 오늘날은 단점을 지적해주면 고마워하기는커녕 '너나 잘해.' 하고 화부터 내는 세상이 되었다. 단점은 동전의 양면 같아서 누군가에게 단점이 장점이 되어 뜻밖에 상황이 역전되기도 한다는 것을 기억해두고 오늘도 상대에게 관심을 두고 장점을 찾아 기억하는 일을 하기 바란다.

여기서 중요한 것은 긍정적으로 보는 눈을 키우는 것이며 사소해 보이는 것 하나도 허투루 넘기지 말고 상대의 장점을 꼼꼼하게 살펴보는 것이다. 이런 것은 애정과 관심을 기울이지 않으면 절대 보이지 않는다. 성공하는 사람과 실패하는 사람의 차이는 사소한 차이며 사소한 것은 작거나 보잘것없다는 뜻으로 좋게 생각하면 쉽게 이룰 수 있는 일이기도 하다. 상대의 사소한 장점을 기억하고 칭찬하거나 아니면 무관심한 자세를 유지하는 태도가 당신의 실패든 성공이든 둘 중 하나를 결정할 것이다.

07

비난하지 않고 구체적으로 칭찬하라

비난은 칭찬의 반대말이다. 상대방의 행동, 태도, 성격 등에 대하여 규범적으로 잘못되었다고 부정적 반응을 보이는 것으로 주로 비난하는 사람의 도덕적 판단으로 인해 야기된다. 그 때문에 개인적 감정으로 누군가 도덕적으로 옳지 못한 행동을 했을 때, 그 대상에게 부정적인 평가를 다양한 방식으로 내는 것이며 잘못이나 결점을 책잡아서 나쁘게 말하는 것이기도 하다.

나는 바른 소리였다고 생각해도 상대가 받아들이기에 따라 충고가 아니라 잔소리나 비난받은 것으로 생각할 수 있다. 비난은 부정적이며 그

상대의 마음을 얻는 공감대화법

자체로 언어폭력이다. 신체적 학대만큼이나 위험한 언어폭력은 겉으로 드러나지 않기 때문에 맨눈으로 확인할 수 없다는 문제를 갖고 있다. 집 안 분위기가 험악한 가정을 살펴보면 대부분 언어폭력이 일어나고 있는 데 당하는 사람의 정서적 피해를 발생시키는 폭언, 욕설, 모욕 등이다.

하버드 의과대학 마틴 H.타이처 교수의 연구에 의하면 어린 시절 언어폭력을 경험한 성인의 뇌를 조사한 결과 그들의 뇌는 일반인들에 비교해 뇌량과 해마 부위가 크게 위축되어 있었다고 한다. 언어폭력을 당해온 사람들은 '해마'에 상처를 입어 기억력과 학습 능력이 떨어지고 불안과 우울증을 일으킬 확률이 일반인의 두 배로 높다. 인간의 뇌는 20% 정도만 발달한 상태에서 태어나 단계적으로 발달하는데 유전적인 요인도 있지만, 환경적 요인의 영향을 많이 받는다.

언어폭력을 대수롭지 않게 생각하지만, 친구이건 부모이건 부부이건 언어폭력을 당하는 사람으로선 심각한 후유증을 초래한다. 언어폭력의 피해자는 공황발작, 불안장애, 우울증, 외상 후 스트레스 장애에 시달린다.

뇌량은 좌뇌와 우뇌를 연결하는 큰 신경 다발로 좌우 대뇌반구의 정보를 교환하는 다리 역할을 하는데 어린 시절의 언어폭력은 뇌에 생물학적 흉터를 남겨 정서 조절 이상을 일으킨다는 것이 사실로 증명되었다.

내가 아무 생각 없이 무심코 내뱉은 말 한마디가 상대의 영혼에 상처를 입히고 뇌 발달에 심각한 영향을 끼친다는 것을 명심해야 한다. "비판은 하되, 비난은 하지 말자."라는 말이 있다. 비판과 비난은 비슷한 말이기는 해도 둘은 엄연한 차이가 있다. 비판은 객관성이 더 있는 것이고 비난은 주관성이 더 강하다. 비판은 옳고 그름을 판별하지만, 비난은 잘못을 들추어내는 것이다.

상대에게 비판하든 비난을 하든 자기성찰이 먼저이다. 내가 어떤 사건 상황에서 때에 맞게 적절한 바른 소리를 했는가를 생각하기 전에 내가 상대방의 말에 먼저 귀를 기울이고 그 사람의 의견을 존중했는지를 살펴보아야 한다. 비난은 하는 사람과 받는 사람 양쪽 모두에게 부정적 영향만 초래한다. 서로서로 물어뜯고 서로를 먹어버리는 것은 맹수들의 싸우는 모습을 연상시킨다. 이렇게 서로가 싸우면 서로에 의해서 서로 멸망할 것이다.

"만일 서로 물고 먹으면 피차 멸망할까 조심하라"

– 갈라디아서 5장 15절

병원에 입원하고 수술을 하게 되면 옆에서 병간호할 사람이 필요한데 보호자가 온종일 환자의 곁을 지키기는 현실적으로 어렵다. 요즘은 환자와 보호자의 부담을 줄여주기 위한 '간호 통합병동'이 있긴 하지만 중증 환자의 경우 어쩔 수 없이 24시간 상주하는 간병인을 선호하여 수술 날짜가 잡힘과 동시에 간병인을 구하게 된다. 운이 좋아 대화도 잘 통하고 꼼꼼한 간병인을 만나면 입원 동안 환자는 편안한 마음으로 치료에 임할 수 있지만 그렇지 못한 경우 환자와 보호자에게 또 다른 스트레스가 되기도 한다.

요즘은 인터넷이나 스마트폰 앱으로 인물 소개와 평점을 보고 간병인을 직접 선택할 수 있지만 불과 몇 년 전까지만 해도 간병인이 무작위로 배정되는 병원에서 안내하는 간병인협회를 통하여 간병인을 구하였다. 전화로 환자의 상태와 입원 기간을 설명하면 협회에서 시간이 가능한 간병인을 무작위로 선택해서 보내주었다. 이런 이유로 인해 어떤 간병인이 올지 모르는 상황이라 걱정하면서 불안한 마음을 갖게 된다.

몇 년 전에 모 대학의 한방병원에 열흘간 입원했던 적이 있는데 그때 만났던 A는 자칭 간병인 생활 10년째인 베테랑이었다. 나는 6인실에 있었는데 다른 환자들에 비교하여 비교적 움직임이 자유로워 특별히 보호자나 간병인이 필요치 않았다. 입원실에 있던 환자 중 나만 간병인이 없었다. A가 맡은 환자는 고령의 할머니로 정기적으로 흡입기를 이용해 가래를 뽑아줘야 했다.

모두가 깊이 잠든 이른 새벽에 뽑아내는 경우가 종종 있어 병실 사람들의 스트레스가 이만저만이 아니었다. 그러다 결국 두 명의 간병인이 싫은 소리를 했고 A는 이에 질세라 목소리를 높였다. "내가 병간호한 지 10년이야. 10년 해봤어? 나는 남 눈치 안 봐. 내 환자 잘못되면 너희가 책임질 거야? 듣기 싫으면 병실을 옮겨. 돈 많으면 1인실로 가든가."

단단히 화가 난 A는 길길이 날뛰다가 "에잇 더러워서 못해 먹겠네." 하고 환자의 보호자에게 전화를 걸었다. 주말이 되자 환자의 보호자가 나타났고 돈 봉투를 손에 쥐여주며 "잘 부탁드려요. 어려우신 거 아는데 지금 그만두시면 우린 당장 어디서 사람을 구합니까?" 하고 바라는 모양이 부탁이 아니라 애원에 가까웠다. 그러면서 간병인 A를 칭찬하기 시작했다.

"아주머니가 차분하시고 일도 똑 부러지게 하니까 우리가 그거 믿고 맡기는 거지 다른 사람은 못 해요. 아시잖아요. 아주머니가 워낙 잘하셔서 그런지 소문 듣고 가끔 딴 데서 전화 오죠? 우리 어머님이 모르는 것 같아도 아주머니인지 아닌지 눈치로 다 아신다니까요. 다른 분한테 잠깐 맡긴 적 있었는데 우리 마음에 들지 않더라고요." 할머니의 보호자는 A의 표정을 살피며 차분한 어조로 병실 안의 사람들이 다 듣게 칭찬을 하고 있었다. "아주머니처럼 깔끔하고 부지런한 분이 없어요. 남편도 병간호를 너무 잘하신다고 다른 데서 모시고 갈까 봐 걱정한다니까요. 그러니까 제발 그만둔다는 말씀만 하지 마세요."

보호자가 떠나자 A는 의기양양해서 자화자찬을 늘어놓았다. "이 할머니 아들하고 며느리가 배운 사람들이라 그런지 참 인사성도 바르고 교양도 있어. 누가 돈 봉투 달라고 했나. 안 받는다고 했는데 또 챙겨주고 가네. 어제도 다른 병실에서 부르더라고. 이 할머니는 나 아니면 힘들어서 안 돼. 간병인 생활 10년 하니까 반은 의사야. 우리 할머니 이제 효도만 받으시면 되는데 누워계셔서 안 됐어."

두 명의 간병인은 A가 자리를 비우면 신이 나서 A에 관한 험담을 하기 시작했다. 둘이 죽이 잘 맞아서 신나게 수다를 떨다가 어느 한쪽이든 환자가 화장실이라도 가야 수다가 잠시 중단되었다. 무료한 병실 생활에 지쳐서인지 아무도 두 사람의 수다에 대해 제재를 가하는 사람은 없었다.

듣자 하니 A의 별명은 '쌈닭'이라고 한다. 누가 싫은 소리를 조금이라도 할라치면 눈에 쌍심지를 켜고 덤벼들어 모두 A를 멀리한다고 하였다. A는 체구가 작은 50대 후반으로 보였는데 인상이나 말투로 보아 살아온 세월이 순탄치는 못했던 것 같다. 그분이 담당하는 환자는 주로 중증 환자였다. 그분의 말로는 중증 환자들이 오히려 돌보기가 쉽고 이러쿵저러쿵 잔소리가 없다고 하였다.

가끔 환자들이 병실 담당 간호사들에게 할머니하고 A하고 도저히 같이 못 지내겠으니 두 사람을 다른 병실로 옮겨 달라고 해보았지만, 간호사들은 난처한 표정을 지으며 며칠만 더 참아달라는 말뿐이었다. A는 이른 새벽에 할머니의 가래를 뽑는 것은 물론 오전 일찍 이뤄지는 담당 의사 선생님들의 회진시간 전에 할머니를 씻기느라 새벽부터 부산을 떨었다.

온종일 아무 말 없이 누워계시는 할머니와 달리 A는 "냉장고 위쪽 칸은 내가 쓰니까 반찬 넣지 말아라.", "수건은 옷걸이에 걸어서 말려라." 등 방 안에 함께 있는 사람들에게 온종일 '이거 하지 마라, 저거 하지 마라.' 하고 잔소리를 해댔다. A의 부지런함과 철두철미한 직업정신에 불을 지피는 것은 다름 아닌 보호자들의 칭찬이었다.

다른 사람들은 A를 비난하고 험담하지만, 보호자는 그렇지 않았다. '쌈닭'인 A를 고분고분하게 만드는 '마음을 얻는 마법 같은 대화의 기술'을 갖고 있었다. 눈에 보이는 뻔한 립서비스가 아니라 왜 A 아니면 안 되는지를 콕 집어 설명하면서 구체적으로 칭찬하였다. 만약 "이제 와서 그런 말을 하면 어떡하느냐. 왜 그렇게 사람이 책임감이 없냐. 도대체 이게 몇 번째냐"고 비난하거나 비아냥거렸다면 할머니의 보호자들은 입맛에 맞는 간병인을 새로 구하느라 골치를 썩였을 것이다.

칭찬할 때 일의 결과보다 과정에 초점을 두고 구체적으로 칭찬하는 것이 효과적이다. 잘했다, 좋다, 수고했다는 표현은 막연해서 칭찬을 받는 상대도 그냥 의례적인 것으로 받아들인다. 상대에게 내 진심이 전해져야 상대의 마음을 감동하게 하고 행동도 변화시킬 수 있다. A는 보호자들로부터 관심과 칭찬을 받으니 그 기대에 부응하기 위해 노력하였다. 성공하기 위해서 구체적인 목표를 정하는 것처럼 칭찬도 구체적으로 할 때 작은 기적을 만들 수 있다.

- 2장 -

언제 어디서든 누구와도 통하는 사람의 비밀

도대체 왜! 나는 인정받지 못하는 걸까?

월리암 글래써(william Glasser)의 「현실요법」에서 주장하는 욕구는 5 가지이다.

· 소속과 사랑의 욕구 : 인간이 살아가는 데 원동력이 되는 기본 욕구이다.
· 힘(통제력)의 욕구 : 자신의 인생을 변화시키기 위한 자신감의 욕구이다.
· 자유의 욕구 : 이동과 삶을 영위하는 방법들을 마음대로 선택하고 자신의 의사를 표현하고 싶은 욕구이다.

· 즐거움의 욕구 : 인생을 즐기고 웃고 유머를 가지려는 욕구이다.

· 생존의 욕구 : 자신의 삶과 건강을 유지하는 것과 관련된 욕구이다.

이 욕구는 사람마다 각각의 강도가 다르다. 나 자신을 살펴보고 나의 욕구가 충족되는 방식을 관찰하면 현재 나의 삶의 만족도를 알 수 있다. 5가지 욕구 중 힘(통제력)의 욕구는 성취감, 존중, 인정, 기술, 능력 등의 의미를 가지며 경쟁하고 성취하는 중요한 존재가 되고 싶은 성취의 완수에 대한 욕구이다. 힘에 대한 욕구에 매력을 느낀다면 종종 소속에 대한 욕구 등 다른 욕구와 직접적인 갈등을 겪게 된다. 사회적인 직위와 직장에서의 승진과 부의 축적 등 힘과 인정을 더 중요시하기 때문에 개인이 속한 가정생활에서 어려움을 겪을 수 있다.

반면 가정에서도 부부 사이에 어느 한쪽이 일방적으로 상대를 통제하고자 하는 욕구가 강하다면 부부관계는 파경을 맞을 수도 있다. 유대인들은 탈무드를 공부하는 것을 일생의 업으로 삼을 정도라고 한다. 거기에 부부가 화해하는 법이 나온다. 서로 생각이 달라서 싸우고 찾아온 부부에게 어느 한쪽이 옳다고 편을 들어서는 안 된다. 그것은 남편과 아내에게 더 싸우라고 하는 것과 마찬가지이다. 무엇보다 중요한 것은 남편과 아내의 서로 다른 생각을 인정해주어 흥분을 가라앉히는 것이다. 흥분이 가라앉으면 이성을 되찾을 수 있고 그러면 서로가 이해하고 용서하

　상대의 마음을 얻는 공감대화법

고 화해할 수 있다.

존 듀이는 인정받고자 하는 욕구는 인간 본성의 가장 깊숙한 충동이라고 하였다. 인간은 사회적 존재로 의식주 등 기본적인 욕구가 충족되면 사회의 한 구성원으로서 살아가고자 한다. 자기 자신에게 인정받고자 하는 욕구와 타인에게 인정받고자 하는 욕구가 있다. 만약 당신이 속한 그룹이나 누군가에게 인정을 받고 싶다면 상대가 언제나 인정받고 있다는 느낌이 들게 해야 한다.

새로울 것도 없는 이 방법은 우리가 모두 원하는 것이기도 하다. 우리는 우리가 속한 세상에서 칭찬과 인정을 받고 싶어 하고 중요한 사람이라는 느낌을 받고 싶어 한다. 한 정신과 의사는 인정받고 싶어 하는 욕구는 '중독'이라고 하였다. 사람이 살아가다 보면 잘 나갈 때가 있고 그렇지 못할 때가 있다. 이 욕구 충족이 안 되면 사람들은 분노와 좌절감을 느끼고 힘든 상황이나 처지보다 인정받지 못하는 데서 오는 스트레스와 박탈감으로 삶을 포기하기도 한다. 그래서 지금보다 더 인정받기 위해 노력하고 애를 쓴다.

인류 최초의 인정받지 못한 인물은 가인이다. 창세기(4장 1~15절)의 내용에 아담이 그의 아내 하와와 동침하여 임신하였고 가인과 아벨을 낳았다. 아벨은 양 치는 자였고 가인은 농사하는 자였다. 세월이 지나 가인은 땅의 소산으로 제사 드렸고 아벨은 양의 첫 새끼와 그 기름으로 드렸더니 여호와께서 아벨과 그의 제물은 받으셨으나 가인과 그의 제물은 받지 않으셨다.

가인이 몹시 분하여 안색이 변하였고 들에 있을 때 가인이 그의 아우 아벨을 쳐 죽였다. 결국, 가인은 인류 최초의 살인자가 되었고 유리하는 자가 되었다. 왜 하나님은 아벨의 제사는 받으시고 가인의 제사는 받지 않으셨을까? 왜 아벨은 인정을 받고 가인은 인정받지 못했을까?

"믿음으로 아벨은 가인보다 더 나은 제사를 하나님께 드림으로 의로운 자라 하시는 증거를 얻었으니 하나님이 그 예물에 대하여 증언하심이라 그가 죽었으나 그 믿음으로써 지금도 말하느니라"

– 히브리서 11장 4절

두 사람 사이에는 '제물'의 차이가 있다. 아벨은 하나님이 원하시고 지시하시는 방법으로 '양의 첫 새끼와 기름'으로 제사 드렸고 가인은 '땅의 소산'으로 자신이 원하는 방법으로 제사 드렸다. 아벨은 최고의 것을 드리며 하나님을 신뢰하였고 가인은 하나님의 말씀에는 관심이 없었고 자신이 드리는 제사에만 관심이 있었던 자아도취형 사람이었을 것이다. 충분한 힌트가 되었을까?

내가 인정받지 못하고 있다면 인정받는 사람들을 관찰해보기 바란다. 남녀노소를 막론하고 사람들은 자신을 인정해주는 사람을 위해 기꺼이 시간과 자신의 소중한 것을 내어놓는다. 직장인들에게 언제 가장 사기가 올라가냐고 물어보면 '상사가 나를 인정해줄 때'라는 답변이 많은데 자신감의 욕구가 충족될 때는 나를 인정해주는 사람과 같이 있을 때이다.

인정은 '확실히 그렇다고 여기는 것'인데 인정받는 사람은 직장생활의 오랜 내공으로 일 센스가 좋은 사람이고 눈치가 빨라 본능적으로 자신을 돋보이게 하는 능력이 뛰어난 사람이다. 그런 사람들은 경쟁심과 승부에 대한 욕심이 강하여 누군가의 경쟁심리를 자극하고, 질투심이 강해 타인과 더욱 치열한 경쟁을 벌인다. 그러나 단순히 일만 잘한다고 해서 인정받는 것은 아니다.

심리학자 애덤 그랜트(Adam M.Grant)는 인간을 기버(Giver)와 테이커(Taker), 매처(Matcher)로 나누었다. '기버'는 받는 것보다 베풀기를 좋아하는 착한 사람들이고 항상 상대를 위해 자신이 뭘 해줄 수 있는지를 살핀다. '테이커'는 준 것보다 더 많이 얻는 것을 바라 남들을 누르고 자신의 이익을 먼저 챙기는 현실적인 사람들이다. 사람들 대부분은 '메처'로 살아가는데 '공평함'을 세상살이의 잣대로 삼고 '이에는 이, 눈에는 눈' 식으로 살아간다. 이 셋 중 가장 위험한 사람들은 '기버'들이다. 반면 가장 성공적인 경력을 꾸리는 이들은 누구일까? 역시 '기버'들이다.

"그러므로 무엇이든지 남에게 대접을 받고자 하는 대로 너희도 남을 대접하라 이것이 율법이요 선지자니라"

— 마태복음 7장 12절

이 말씀에는 행동의 원리가 담겨 있다. 내가 인정받지 못하는 이유를 알았다면 이제부터 '기버'가 되어라. 상대가 무엇을 원하는지를 살피고 내가 무엇을 할 수 있는지를 살펴라. 인정받고 싶으면 먼저 상대를 인정해야 한다. 직장에서의 성공과 인정뿐 아니라 가족과 연인 사이에서도 인정받고 싶다면 먼저 베풀고 주는 사람이 되어라.

윌리암 글래써(william Glasser)는 "인간은 그들이 원하는 것을 얻고 싶을 때 전체 행동[행동하기(doing), 생각하기(thinking), 느끼기(feeling), 생리 기능(biological)]을 통해 자신이 원하는 것을 얻으려고 노력한다."라고 했다. 전체 행동은 목적이 있으며 개인의 기본 욕구를 충족시키기 위해 행동하게 된다.

상대로부터 인정받고 싶다면 먼저 마음을 열고 호의를 베풀어라. 착한 사람의 선행은 세상을 밝고 부드럽게 만드는 힘이 있고 상대를 위하는 이타적인 마음은 결국엔 나를 위하는 마음인 것이다.

약삭빠른 사람들이 넘쳐나는 세상인데 지나치게 남을 믿고 과도한 공감으로 늘 베풀기만 하다가 손해를 보는 '호구'가 되면 어쩌나 걱정이라면 당신 스스로 돌아보기 바란다. 세상의 착한 사람들이 안고 있는 최대 고민은 거절하지 못한다는 것이다. 내가 알고 있는 거절하지 못하는 사람 중의 한 명은 나의 아버지이다. 아버지의 착한 심성을 이용하려는 약삭빠른 사람들이 주변에 있어서 나는 입바른 소리 잘하는 잔소리쟁이 노릇을 하기도 했다.

약삭빠른 사람들은 자신들이 원하는 바를 얻기 위해 은근하고 상냥한 미소로 부탁하지만 원하는 바를 이루면 안면을 몰수하기도 한다. 착한 사람과 나쁜 사람을 구별하기 어렵다면 내가 베풀고 나서 상대의 반응을 통해 알 수 있다. 내가 베푼 호의를 진정으로 고마워하는지 아니면 나를 적당히 이용하기 좋은 호구로 생각하는지. 후자라면 금전적, 시간적, 감정적으로 더 큰 손해를 보기 전에 그 사람과의 관계를 정리하기 바란다.

"인간 본성에서 가장 심오한 원칙은 타인에게 인정받고자 하는 갈망이다."

– 윌리엄 제임스(William James)

말투만 바꿔도 사람이 달라 보인다

우리의 마음은 사소한 말투의 차이에 큰 영향을 받는다.

상대의 말투에 따라 부탁을 기꺼이 들어줄 것인지 거절할 것인지를 결정하는데 같은 말을 하더라도 말투에 따라 그 의미가 확연히 달라진다. 15개월 딸을 키우고 있는 다현 엄마는 어느 날 저녁 남편에게 전화를 받았다. 그녀의 남편은 거의 매일 야근하고 있었는데 10시, 11시가 비공식적 퇴근 시간이었고 일찍 와도 9시여서 아이가 잠든 뒤에 귀가하는 일이 다반사였다. 그녀의 남편은 갑자기 술자리가 잡혔고 일찍 못 가서 미안하다고 하였다.

온종일 말도 안 통하는 아이를 돌보는 일은 여간 힘든 일이 아니다. 남편이 조금이라도 일찍 와서 잠들기 전 오늘은 어떻게 보냈는지 도란도란 이야기 나누는 것이 유일한 낙이었는데 늦게 들어온다는 말을 들으니 조금 짜증이 났다. 일찍 들어오라고, 당신은 스트레스를 그렇게라도 풀지만 나는 어디서 스트레스를 풀어야 하냐고 따지고 싶었지만 화나는 마음을 누르고 알았다고 하고 전화를 끊었다.

그리고 본인도 모르게 곯아떨어졌고 화장실에서 '우당탕' 하는 요란한 소리에 잠에서 깨었다. 방에서 나와서 보니 남편이 못 이기는 술을 많이 마시고 게워내는 소리였는데 남편과 눈이 마주치자 "늦어서 미안해. 조금만 마시고 일찍 와서 도와주려고 했는데 늦어버렸네. 힘들었지? 아이도 씻기고 잘 때 책도 읽어줘야 하는데." 하더라는 것이다. 순간 화가 났던 마음은 없어지고 아내의 눈치를 살피는 남편이 안쓰럽게 느껴져 꿀물을 타서 입가심하라고 주었다는 것이다.

아이와 자신이 정신없이 하루를 지낸 만큼 남편도 직장에서 힘든 하루를 보냈겠다고 생각하니 자신도 모르게 이런 말이 튀어나왔다고 한다. "미안하지 않아도 돼. 매일 아침에 일찍 나가서 밤늦게까지 처자식 먹여 살린다고 일하느라 고생하잖아. 다현이가 어려서 못 알아들어도 아빠 덕분에 우리가 집에서 편하고 재밌게 지낸다고 항상 얘기해주는데." 아내가 짜증을 낼 것이라고 생각했다가 뜻밖에 이런 말을 들었을 때 다현 아빠의 기분은 어땠을까?

다현 엄마가 바라는 것을 굳이 말하지 않아도 다음 날부터 남편의 태도가 바뀌었다. 귀가 시간은 여전히 10시, 11시였지만 퇴근할 때까지 전화 한 번 안 하던 사람이 갑자기 저녁 시간이 되면 전화를 해서 밥은 챙겨 먹었느냐, 아기는 잘 놀았느냐를 묻는다는 것이다. 만약 다현 엄마가 남편의 마음을 억지로 바꾸려고 했다면 결과는 어땠을까? '나'의 힘든 점만 말하고 '상대'의 수고와 고마움을 표현하지 않았다면 이와 같은 변화는 절대 일어나지 않았을 것이다.

내가 무엇을 얻기 위해 부탁을 해야 하는 처지라면 '나'는 숨기고 '상대'가 먼저 드러나도록 말투를 바꾸어라. 나의 말투에 따라 상대의 마음을 활짝 열게 하기도 하고 굳게 닫힌 성문처럼 빗장을 걸어 잠그게도 한다.

선희 엄마도 어느 날 저녁 남편으로부터 전화 한 통화를 받았다. 귀가 시간을 훌쩍 넘기고 귀가하지 않던 남편이 배드민턴 동호회 사람들과 약속이 잡혔다며 운동을 하러 간다는 것이었다.
저녁은 운동 끝나고 간단하게 먹고 갈 거니까 기다리지 말고 먼저 자라는 전화였다. 선희 엄마는 남편이 늦게 퇴근하는 날이면 아기를 봐줄 사람이 없어서 저녁도 못 먹고 잠자리에 들 때가 종종 있었다.

그날따라 아기가 낮잠도 안 자고 온종일 보채고 징징거려서 더 힘든 날이었다. 남편의 전화를 받자마자 급 짜증이 밀려와 선희 엄마는 화가 나는 대로 내뱉었다. "운동, 그게 뭐야? 동호회 사람들하고 친목을 도모하느라 운동하고 밥 먹고 온다고. 그걸 말이라고 하는 거야? 양심 좀 있어봐라. 아기와 온종일 내가 어떻게 지내는데, 나는 한순간도 쉴 틈이 없다고. 애가 깨어 있을 때는 애를 봐야 해서 아무것도 못 하고 애가 잠들면 그때 집안일 한다. 애는 남의 새끼야?"

남편은 운동하러 안 갔는지 30분 정도 지나자 뾰로퉁한 표정으로 들어왔고 선희 엄마는 욱한 마음에 잔소리를 더욱 퍼부었다. 그녀의 남편은 그녀의 말대로라면 제대로 삐뚤어졌다고 한다. 말투도 고분고분하지 않고 뭘 물어봐도 단답형으로 응, 아니만 한다고 했다. 평소 같으면 캔맥주에 치킨을 시켜 먹으면서 대화를 하면 풀렸는데 이번엔 눈도 안 마주치고 제대로 삐졌다고 한다.

선희 엄마도 화가 나서 남편이 먼저 미안하다고 말할 때까지 화해할 생각이 없다고 하였다.

나 역시 두 아이를 키우는 엄마이다 보니 이럴 때 엄마들의 마음이 공감이 간다. 육아는 그냥 회사에 다니며 겪는 스트레스와는 비교불가다.

아이를 낳고 키우기까지 수많은 인내와 희생이 요구되는데 사회생활처럼 월급이나 승진 같은 보상이 없기 때문이다.

가족처럼 가깝고 친한 사이일수록 오해가 없도록 말투를 조심해야 한다. 말투 때문에 가정불화를 겪고 친구 사이가 멀어지는 일이 발생한다. 말투는 말하려는 내용을 전달하고 말하는 사람의 생각과 기분까지 실감나게 전달한다. 선희 아빠에게도 어떤 사정이 있을 수 있다. 하지만 부드럽게 미안함이 묻어나는 말투로 이야기했다면 잔소리폭탄을 맞고 아내와 날카로운 각을 세우는 일은 일어나지 않았을 것이다.

일방적으로 자신의 이야기만 통보했기 때문에 아내의 마음을 화나게 한 것이다. 말에는 표정이 있어서 내 마음 상태가 상대에게 그대로 전해진다. 대화에서 말의 우선순위는 항상 내가 아닌 상대가 먼저이다. 그럴 때 말투를 신경 쓰고 주의를 기울이게 된다. 상대보다 내가 먼저인 사람은 내 말만 하고 말투에 배려심이 없다.

바코드는 물건을 살 때 포장지에 그려진 검은 줄무늬인데 이것을 스캔하면 물건을 만들거나 파는 회사의 정보는 물론 물건의 가격과 종류 등을 알 수 있다. 바코드를 이용하면 물건값을 쉽고 간단하게 계산할 수 있다. 말투는 말하는 사람의 바코드이다. 기분이 좋고 나쁜 것과 스트레스를 받고 있는지 아닌지 목소리와 말투만으로 보지 않고도 말하는 사람의 생각과 기분, 말할 때의 태도, 심지어 인품까지도 알아챌 수 있다.

보통 점잖은 사람은 낮고 천천히 말하고 짜증이 나거나 화가 난 사람은 빠르고 크게 말하고 수줍음이 많은 사람은 기어들어가는 목소리로 속삭이듯이 말한다. 내가 어떤 말투를 사용하느냐에 따라 상대방은 행동하거나 행동하지 않을지 의사를 결정하기 때문에, 사람의 마음을 움직이는 말투의 기술을 적극적으로 배워야 한다. 위의 두 가지 사례는 부부간의 단순한 예이지만 사회생활을 하는 동안 다양한 인간관계 속에서 얼마나 많이 말투 때문에 곤경을 겪는가를 생각해보자.

말투를 아주 조금만 바꾸면 일이 더 잘 풀리고 안 풀리고가 확 달라지는 걸 알 수 있게 된다. 어떤 사람은 말이 통하고 어떤 사람은 말이 안 통한다고 느껴지는 것은 상대의 말투에 따라 나의 심리 상태가 달라지기 때문이다. 인간관계는 대화를 통해서 이루어지고 대화는 심리 상태가 결정하는데 말투에 따라 나의 가치가 높아지거나 평가절하되기도 한다.

말투는 살아오면서 자연스럽게 내 몸에 익힌 것들로 생각을 만들어내고 말이 되어 나오는 것이다. 아무리 훌륭하게 포장을 해도 어쩔 수 없이 그 사람의 살아온 인생이 묻어나고 인격이 묻어 나온다. 나도 모르게 무의식 중에 튀어나오는 말을 고치려고 해도 잘 고쳐지지 않는 이유는 어느새 내 몸의 일부처럼 습관이 들었기 때문이다. 그렇다고 아무 노력도 하지 않는다면 성공이란 두 글자는 당신의 인생에서 점점 더 멀리 달아날 것이다.

어떤 사람과 대화를 하다 보면 기분이 상하기도 하고 유쾌해지기도 한다. 외모나 차림새로 결정되는 첫인상이 별로였어도 대화를 하다가 그 사람의 입에서 나오는 말과 말투가 부드럽고 세련되다면 어느새 비호감이 호감으로 바뀌게 될 것이다. 이런 경우는 나의 가치를 상승시키는 효과가 있지만 반대로 나쁜 말투는 반드시 고쳐야 한다.

말은 옳은데 말투는 틀렸다는 말이 있다. 말이 구구절절 옳은 말인 건 알겠는데 '~때문에'라는 말을 달고 사는 부정적인 말투이거나 명령조로 이야기를 늘어놓는 사람, 입만 열면 안하무인으로 '야' 하고 반말에 욕부터 튀어나오는 사람이 있다면 더 대화하고 싶지 않을 것이다.

가끔 뉴스나 신문지상에서 사회적 지위나 영향력에 어울리지 않는 말투로 갑질하는 개인 또는 기업이나 그들의 가족을 볼 수 있다. 갑질의 시작은 무례한 말로부터 시작되며 곧 표정과 행동으로 나타난다. 그것은 상대의 자존심을 상하게 하고 영혼에 상처를 준다. 그들 스스로 자기 얼굴과 기업 이미지에 먹칠하는 꼴이어서 결말이 좋지 않은 경우가 많다. 무례한 말을 사용하는 사람들은 지적으로 보이지 않고 냉정하고 이기적으로 보여 부정적인 인상을 심어준다.

예의 바르고 정중한 말을 사용하는 사람들은 지적으로 보이며 친절해 보이고 일도 잘하는 능력자처럼 보이는 긍정적인 인상을 심어준다. 말투는 인간관계에서 큰 역할을 한다. 인간관계가 당신의 생각만큼 잘 풀리지 않는다면, 종종 사람들에게 "당신은 말투부터 고쳐야겠다."라는 지적을 받는다면 말투를 조금만 바꾸어보아라. 말투만 바꿔도 인상이 달라 보이고 당신의 가치를 높이고 품격을 높여줄 것이다.

한 번 보면 또 보고 싶어지는 사람은 따로 있다

2018년도에 나온 에비 콘과 마크 실버스테인 감독의 미국 코미디 영화 〈아이 필 프리티〉는 할리우드 코미디 퀸 에이미 슈머가 주연을 맡았다. 여주인공 르네는 뛰어난 패션 감각과 매력적인 성격을 갖고 있지만 통통한 몸매로 외모에 자신이 없고 항상 주눅이 들어 있었다. 어느 날 운동을 하러 스피닝 클럽에 갔다가 스피닝의 페달이 부러지면서 넘어져서 머리를 부딪친다. 기절했다가 깨어난 르네는 거울 속의 자신이 원하던 모습으로 변한 것에 대하여 깜짝 놀란다.

하지만 그 모습은 자신에게만 보이는 것이었고 주변 사람들이 보는 르네는 전혀 달라진 점이 없는 그대로였다. 그 사실을 모르는 르네는 자신이 아름다워졌다고 생각해서 그때부터 자신에 차 당당하게 행동하고 말을 한다. 사람들은 유머 있고 자신감 넘치는 르네의 모습에 매료되고 르네는 일과 사랑을 모두 얻는 데 성공한다.

르네의 남자친구는 이렇게 말한다. "완벽한 건 당신이죠. 정말 자기다워요. 그냥 멋져요. 자신에 대한 확신이 없는 사람이 많아요. 자신의 부정적인 면에 너무 집착해서 자신의 근사한 점들을 놓쳐버리거든요. 당신을 잘 알고 세상의 시선은 신경 쓰지 않아요."

"자신감이 넘치는 자세는 몸속 호르몬 수치를 바꾼다."
– 하버드 심리학자 에이미 커디(Amy Cuddy)

박사는 우리가 자신감을 잃었을 때도 똑바로 서는 자세 '힘준 자세'는 뇌 안의 테스토스테론(testosterone)과 주요 스트레스 호르몬인 코티졸(cortisol) 수준에 영향을 주고 심지어 사람들이 성공할 가능성에까지 영향을 준다고 하였다. 신체 언어의 효과는 다른 사람들이 우리를 어떻게 보는가에 영향을 주지만 때로 그것은 우리가 우리 자신을 어떻게 바라보는가에도 영향을 미친다고 하였다. 자신감은 삶에 생기를 가득 불어넣고 활력이 넘치게 한다. 한 번 보면 또 보고 싶어지는 사람은 르네처럼 자존감이 높은 사람들로 자기 확신이 있고 당당한 사람이다.

자신감이 넘치는 사람은 나비처럼 행동하고 자신감이 없는 사람은 무거운 돌덩이처럼 행동한다. 사람들은 자세가 바른 사람 즉, 어깨를 펴고 머리를 세운 당당한 자세를 하는 사람에게 더 매력을 느낀다. 만약 내가 자존감이 떨어졌다면 영화 속 르네처럼 자신감을 끌어올리는 '힘준 자세'를 취해보자.

매력적으로 보이는 방법 중 과학자들이 증명한 한 가지는 운동하기다. 운동이 자신감 향상에 좋다는 것은 이미 잘 알려져 있다. 건강한 정신은 건강한 몸에서 나오고 좋은 기운이 넘쳐 흐르는 사람은 사람을 끌어들인다. 병원 치료가 필요하지 않은 상태라면 미세먼지 없는 날 운동화를 신고 밖으로 나가서 햇볕을 쬐고 운동을 하기 바란다. 활력을 되찾아야 생활 속에서 미소를 짓기 시작한다. 기운 없고 우울해하는 사람 옆에 있으면 그 사람의 기운이 전해져 몇 분만 대화를 나눠도 덩달아 나도 기운이 없고 우울해진다. 어두운 마음의 동굴에서 뛰쳐나오길 바란다. 바깥 세계는 문제가 많긴 해도 훨씬 살기 좋은 장소이다.

한 번 보면 또 보고 싶어지는 사람은 역시 대화가 통하는 사람이다. 누군가를 만나서 몇 시간을 이야기하고 왔는데 공허함이 느껴질 때가 있다. 거의 나 혼자 얘기했거나 상대방 혼자 얘기했거나 하는 경우로 상대가 듣고 있는 건지 아닌지 알 수 없을 정도로 상호 소통이 없는 대화는 서로를 지치게 한다. 굳이 들으려고 애쓰지 않아도 귀에 쏙쏙 들리는 말이 있고 집중을 해서 들어보려고 노력해도 자꾸 하품이 나고 딴생각이 드는 말도 있다.

대화에서 상대의 말을 경청해야 한다는 건 알지만 서로 간의 공감대가 형성되지 못하면 몇 시간을 얘기한들 시간만 낭비한 것 같은 아쉬운 생각이 든다. 사소한 대화에서도 '내가 하고 싶은 말'이 아니라 '상대가 듣고 싶은 말'을 해야 또 만나고 싶은 생각이 든다. 상대는 관심도 없는 이야기를 혼자서 쉬지도 않고 떠들어대면 '눈치코치 없는 사람' 소리 듣기 십상이다.

또 상대가 열심히 어떤 말을 하는데 아무런 대꾸나 응답 없이 시큰둥한 표정으로 일관하는 사람도 있다. 이유를 물어보면 성격이 무뚝뚝해서 원래 그런 성격이어서 티를 안 낼 뿐이지 사실은 잘 듣고 있었다 할지라도 그 말 뒤로 숨어버리는 당신의 자세는 상대의 입장을 전혀 헤아리지 못한 것이다.

내가 잘 듣고 있다는 표현으로 간단한 질문을 던지는 것이 좋다. 일방적인 이야기보다는 쌍방향 커뮤니케이션을 해야 대화가 훨씬 즐겁고 재미있다. 예전의 소통 방식은 위에서 아래로의 '상명하달(Top-Down)' 방식이었으나 요즘은 수직이 아닌 수평의 방식으로 소통을 하므로 상대의 진심이 오히려 더 잘 전달된다. 상대가 관심 있는 이야기, 듣고 싶은 이야기를 하고 들을 때는 경청을 하고 잘 듣고 있다는 표현을 해주어야 한다.

한 번 보면 또 보고 싶어지는 사람은 친절한 사람이다. 사람들은 친절하게 말하는 사람의 얼굴을 더 매력적으로 느끼는 것으로 밝혀졌다. 자신의 성격을 가꾸고 친절한 말을 사용하면 호감도를 상승시킬 수 있다. '방법이 없다'거나 '어쩔 수 없다'라는 단정적이고 부정적인 말은 상대방에게 무관심하다는 생각을 들게 한다. '~하기를 바란다', '~했으면 좋겠다'라는 말은 공감의 뜻을 전달한다.

나는 얼마 전 상대방으로부터 무시 받는 느낌을 받아 기분이 좋지 않았다. 누구나 즐겨 찾는 맛집이 있고 단골식당이 있다. 맛도 맛이지만 훌륭한 실내 장식(분위기 깡패)과 경치가 뛰어나거나(뷰 맛집) 위생이 청결(청정 맛집)하다는 등 나름의 갖가지 이유가 있다.

그중에서 나는 다른 건 조금 부족할지라도 서비스가 좋은 식당은 대접받는 기분이 들어 또 찾게 된다. 서비스가 좋은 식당은 대부분 친절하다. 반면 맛이 훌륭하고 분위기가 좋더라도 손님을 대하는 서비스가 엉망이고 불친절한 식당은 피하게 된다.

맘 카페에서 새로 생긴 맛집이라는 글을 보고 아이들을 데리고 집 근처 식당으로 저녁을 먹으러 갔다. 나처럼 소문 듣고 찾아온 사람이 많은지 가게 안은 손님들로 북적이고 있었다. 대기 줄에 서 있다가 내 차례가 되어서 자리 안내를 기다리는데 빈자리가 나도 바빠서인지 안내를 해주는 사람이 없었다. 그런데 나보다 뒤에 온 사람이 우리 자리라고 생각했던 자리로 성큼성큼 들어가더니 빈자리에 앉았다.

나는 순간 기분이 상해서 종업원에게 항의했다. "아니 우리가 더 일찍 왔고 빈자리가 나면 그 자리에 우리를 안내해야지. 저 사람은 우리보다 늦게 왔는데 왜 저 자리에 앉나요?" 종업원은 식당 안을 한 번 휘 둘러보더니 무표정한 얼굴로 말했다. "저 자리, 애들하고는 못 앉아. 가끔 저런 사람 있어. 자리 잡고 앉아 있는 사람에게 어떻게 일어나라고 해. 조금만 더 기다려봐. 자리 나면 앉게 해줄게." 선심 쓰듯 빠르게 말하더니 다른 테이블로 가버렸다.

나는 아이 둘을 데리고 이미 20분 정도를 기다렸는데 더 기다리라니. "손님, 저 자리는 당연히 손님이 앉으셔야 하는데 정말 죄송합니다. 아이들과 오래 기다리셨는데 조금만 더 기다려주시면 바로 안내해 드리겠습니다."라고 말할 수는 없었을까? 아니면 음식을 다 먹고 계산하러 나왔을 때 "맛있게 드셨습니까? 아까는 불편하게 해 정말 죄송했습니다.

앞으로 이런 일이 생기지 않도록 신경 쓰겠습니다."라고 할 수는 없었을까? 나는 식당을 나올 때까지 어떤 친절한 말 한마디를 듣지 못하였다.

불공정하거나 불친절한 말을 들었다면 당신은 어떻게 하겠는가? 그래도 음식이 맛있으면 모든 게 이해가 되나? 나는 아니다. 이럴 거면 왜 줄을 세웠나 하는 생각이 들어 식사하기도 전에 이미 기분이 나빴다. 무엇보다 사과 한마디 없이 다짜고짜 반말로 이래라저래라하는 것과 공손하게 양해를 구하지 않는 태도에 몹시 기분이 상하였다. 가뜩이나 새치기한 사람 때문에 기분이 나쁜데 일부러 찾아온 손님에게 친절은커녕 자신보다 어려 보인다고 반말로 해도 되는 건가 싶었다.

손님으로서 친절한 대접을 받고 싶은 욕구는 당연하다. 음식값에는 서비스도 포함된 것이라고 생각을 하는데 처음부터 기분이 상해서 음식을 먹으니 맛있다는 생각은 하나도 들지 않았다. 누군가가 나에게 그 식당 어떠냐고 물어본다면 내가 해줄 말은 한 가지다. '그 식당 절대 가지 마라.' 내 집, 내 가게, 내 회사, 내 나라를 찾은 손님에게 무례하게 굴고 불친절하다면 좋지 않은 인상만 심어주어 다시는 만나고 싶지도 않고 가고 싶지도 않은 곳으로 기억될 뿐이다.

인간관계의 9할은 심리전이라는 말이 있다. 자존감이 높아서 자신감을 뿜어내는 사람(여기서 말하는 자신감은 교만이 아니다), 대화가 잘 통하는 사람, 친절한 사람은 모두 매력적인 사람이다. 그들은 모두 대화에서 이미 이기고 시작하는 것과 마찬가지다. 상대를 내 편으로 만드는 기술을 갖고 있으므로 질리거나 지루할 틈이 없다.

긍정적인 말로 바꿔 말하는 습관을 갖고 있다

너무도 유명한 이 이야기는 그리스 신화에 등장하는 키프로스의 왕 피그말리온에 관한 이야기이다. 그는 여성들을 혐오해서 한평생 독신으로 살 것을 결심하고 아무런 결점이 없이 완벽하고 아름다운 여인을 조각해 함께 지낸다.

피그말리온은 조각상에 옷을 입히고 목걸이를 걸어주며 자신의 아내처럼 온갖 정성으로 대하였고 진심으로 사랑하게 되었다. 어느 날 신들에게 조각상과 같은 여인을 아내로 맞이하고 싶다고 부탁을 하였고 미의 여신 아프로디테가 그의 소원을 들어주어 그 조각상을 실제 인간으로 만들어주었다.

이 신화에서 유래한 '피그말리온 효과(pygmalion Effect)'는 교육 심리학에서 다루는 심리적 행동의 하나로, 누군가에 대한 긍정적인 기대나 관심이 사람에게 좋은 영향을 미치는 효과를 말한다. 일이 잘 풀릴 것으로 기대하면 잘 풀리고, 안 풀릴 것으로 기대하면 안 풀리는 경우를 모두 포괄하는 말로 긍정적으로 기대하면 상대방은 기대에 부응하는 행동을 하면서 기대에 충족되는 결과가 나온다는 것이다.

1968년 사회심리학과 교수인 로버트 로젠탈과 미국에서 20년 이상 초등학교 교장을 지낸 레노어 제이콥슨은 미국 샌프란시스코의 한 초등학교에서 전교생을 대상으로 지능 검사를 한 후 결과와 상관없이 한 반에서 무작위로 20% 정도의 학생을 뽑았다. 그리고 그 명단을 교사에게 주면서 지적 능력이나 학업 성취의 가능성이 큰 학생들이라고 믿게 하였다.

8개월 후 같은 지능 검사를 다시 하였는데 명단에 속했던 학생들의 평균 점수가 높게 나왔고 학교 성적도 크게 향상되었다. 이 결과는 명단에 오른 학생들이 교사의 기대와 격려에 부응하기 위한 노력을 하였다는 것을 말한다. 사람은 똑같은 말을 계속 듣는 동안 그 말대로 되고 싶다는 마음이 든다. 심리학에서 교사의 관심이 학생에게 긍정적인 영향을 미친다는 것을 확인한 셈이다.

나는 우리 아이들이 착한 일을 할 때마다 칭찬 포도나무에 스티커를 붙여준다. 착한 일이란 게 엄마의 기준으로 정한 거지만 예를 들면 자고 일어난 이불 개기, 장난감 정리 정돈하기, 신발 가지런히 놓기, 빨래는 빨래통에 넣기 등이다. 아이들 스스로 하려는 습관을 길러주려는 것도 있지만 '칭찬'을 통한 긍정적인 마인드를 심어주기 위해서이다.

아이들에게 항상 관심을 두고 있다는 걸 표시해주고 엄청난 칭찬을 해주며 잘했다고 격려하고 스스로 스티커를 하나씩 붙이게 한다. 그러면 아이들은 어깨를 으쓱하며 신이 난 얼굴로 "엄마, 제가 뭐 도와 드릴 거 없어요?" 하고 묻는다. 남매는 서로의 칭찬 포도나무를 바라보며 "나 벌써 열 개나 붙였어. 대단하지?" 하고 까르르 웃는다.

긍정적인 마인드는 긍정 에너지를 만들고 관심과 격려만으로 일의 결과도 훨씬 훌륭하게 만들어낸다. 그러므로 주변 사람들에게 애정과 관심을 두고 무엇보다 나 자신에게도 긍정적인 믿음을 가져야 한다. 내가 자기 자신을 믿지 못하는데 어떻게 남을 지지할 수 있을까? 내 생각과 마음에 긍정적인 에너지가 넘쳐흘러야 나의 기운이 주변 사람들에게 퍼지는 것이다.

우리 속담에 "말이 씨가 된다"라는 말이 있다. 말한 대로 결과가 나타나기 때문에 항상 말조심하고 긍정적인 말을 해야 한다. '나는 잘될 거야.', '나는 행복해.', '나는 성공한다.'라는 말을 하면 정말 말 그대로 된다. 콩을 심으면 콩이 나고 팥을 심으면 팥이 나는 것처럼 긍정적이고 희망적인 말로 나와 이웃을 응원하면 긍정적이고 희망적인 일들이 생긴다.

반대로 비난하고 부정적인 말을 하면 말하는 대로 안 좋은 일들만 생길 것이다. 앞에서 말했듯이 비난은 부정적이며 그 자체로 언어폭력이다. 언어폭력의 피해자는 갖가지 스트레스 장애에 시달린다. 부정적인 말의 영향을 직접 받는 직업군 중에 '가수'와 '배우'가 있다. 배우는 맡은 배역 따라가고 가수는 노래 따라간다는 말이 있는데 '제목 운명론', '가사 운명론'이라고 한다.

우울하고 슬픈 분위기의 노래를 수천 번 부르고 듣다 보면 나도 모르게 우울하고 슬퍼져 심하면 자살 충동에 시달리게 된다. 청소년들에게 많은 영향을 끼치는 아이돌이나 사회 유명인의 경우 무분별한 악성 댓글로 인한 극단적 선택 소식은 심각한 사회 문제이기도 하다. 언론에 나오는 보도를 보고 힘든 상황에 빠진 일반인들이 자신과 동일시하거나 동조, 우울증 등 부정적 요소들이 악화되어 모방 자살로 이어질 수 있기 때문이다.

미국의 사회학자 데이비드 필립스(David Philips)는 유명인의 자살 사건이 언론에 보도된 후 일반인의 자살이 급증하는 것을 발견하고 이 현상에 '베르테르 효과'라는 이름을 붙였다. 실제로 1977년 록스타 엘비스 프레슬리의 죽음 이후 그를 추모하는 자살 행렬이 있었고 2003년 영화 배우 장국영이 투신자살한 홍콩의 만다린 오리엔탈 호텔에서 일반인이 목숨을 끊는 일도 있었다.

가사나 분위기가 밝고 경쾌하면 그 노래를 부른 가수의 인생이 펴지고 즐겁고 행복한 인생을 사는 경우가 훨씬 많다고 한다. 한국의 유명 개그맨 유재석은 말과 생각을 바꾸고 본인이 '말하는 대로' 될 수 있다는 걸 믿고 성공을 이룬 대표적인 연예인이다. 그 경험을 바탕으로 〈말하는 대로〉라는 진정성 있는 가사를 쓰고 노래를 불렀는데 청춘들의 마음을 울리며 히트시켰다. 국민 여동생 아이유는 첫 번째 인생 곡으로 〈좋은 날〉을 뽑았는데 "이 곡으로 활동했을 당시 하루에 2시간 이상 잠을 잔 적이 없을 정도로 바빴다. 어떻게 보면 내 이름을 가장 많이 알린 곡이다. 대표곡으로 아직도 많은 사람이 생각하는 곡이 아닐까 생각한다."라고 하였다.

"피곤해 죽겠어!", "정말 지겨워.", "내가 미쳐."라는 말을 입버릇처럼 달고 사는 사람치고 인생을 여유 있게 사는 사람은 없다. '안 돼', '싫어', '못해', '초라하다' 등의 부정적인 말은 실패를 부르고 '가능하다', '좋아한다', '해보겠다', '멋지다' 등의 긍정적인 말은 성공을 가져온다. 말은 다른 사람과의 대화뿐 아니라 일의 성공과 실패에도 영향을 준다. 내가 지금 어떤 말을 습관적으로 사용하고 있는지 관찰해보면 지금 나의 상태를 알 수 있다.

끝이 보이지 않는 광활한 사막을 걸어가던 두 사람이 있었다. 이글이 글 불타오르는 태양 빛과 모래바람 탓에 두 사람은 점점 지쳐가고 있었다. 한참을 걷다가 두 사람은 목이 말라 각자 자신들의 수통을 꺼내 들었다. 한 사람이 물이 절반만 차 있는 수통을 보고 한숨을 쉬며 말했다. "물이 반 밖에 안 남았네." 또 한 사람은 밝은 표정을 지으며 이렇게 말했다. "물이 반이나 남았네."라고. 두 사람은 물을 마시고 다시 계속 걷기 시작하였다. 그런데 얼마 후 "물이 반 밖에 안 남았네."라고 말한 사람은 사막을 끝까지 지나가지 못하고 쓰러졌고 "물이 반이나 남았네."라고 말한 사람은 뜨거운 사막을 무사히 빠져나왔다.

어떤 대상이나 일을 바라보는 생각의 차이로 삶의 태도와 삶의 질이 달라진다는 말이다. 대학에서 건축을 전공한 나는 모든 사람이 그렇듯이 바쁘게 살아가고 있던 어느 날 아침 출근 준비를 하며 양치질을 하고 있었다. 여름엔 더워지기 전에 일해놓고 뜨거운 한낮에 쉬려고 새벽부터 인부들이 나오기 때문에 그들보다 늦지 않게 가려고 마음이 급했다. 양치질을 마치고 입 안의 치약 거품을 헹구기 위해 물 한 모금을 입에 물었는데 이상하게 입이 다물어지지 않고 물이 옆으로 주르륵 흘러내렸다.

'어, 이상하다. 왜 그러지?' 하는 생각에 다시 한 번 물을 입에 물어보 았지만 역시나 마찬가지였다. 당황스럽게도 거울을 보니 내 얼굴과 입 의 모양이 이상했다. 노인들에게 발생하는 질병인 줄 알았는데 '30대 초 반에 중풍이라니. 젠장, 어떻게 이런 일이 나에게 일어나지? 더구나 나 는 여자인데 이런 얼굴로 어떻게 돌아다니지? 참 운도 지지리 없군.' 이 런 부정적인 생각들이 끊임없이 들었다. 하는 수 없이 다른 사람에게 일 을 맡기고 출근도 포기하고 그 길로 한의원으로 달려갔다.

'구안와사'라 불리는 말초성 안면 신경마비였다. 초기에 적극적으로 치 료하지 않으면 치료 기간이 1년 이상 걸릴 수 있고 골든타임을 놓치면 완 전 회복이 어려워 후유증이 남는다는 말에 바로 한방병원에 입원하였다. 당시 나는 매일같이 야근을 반복하고 있었고 가끔은 주말을 반납하고 미 친 듯이 일을 하고 있었다. 피로와 업무 스트레스가 쌓여 신경이 극도로 예민해지고 나도 모르게 지쳐가고 있었다.

내 마음 상태가 몸으로 나타난 것이었다. 나는 "~하지 마라", "이것밖 에 안 되니?", "이걸 일이라고 했어?" 등등의 말을 입에 달고 동료와 부 하직원들을 질책하고 부정적인 말을 쏟아내고 있었다. 퇴원 후 나는 회사로 돌아가지 않았다. 일정 기간에 걸쳐 휴직계를 내고 쉬는 동안 내가 하고 싶었던 취미생활을 하며 몸과 마음의 여유를 되찾고 밝고 긍정적인 에너지를 충전하였다. 부정적인 말을 할 때 그 말을 가장 먼저 듣는 사람은 바로 나 자신이다. 말하기도 연습을 하면 얼마든지 바꿀 수 있다. 인간관계에서 나쁜 영향만 끼치는 부정적인 마음과 말은 멀찌감치 치워버리고 긍정적인 말로 바꿔 말하는 습관을 기르자.

05

적당한 유머 한두 개쯤 준비하라

인류학자 길 그린 그로스 박사는 "여자들은 유머가 있는 남자를 더 사회적이고 똑똑하다고 여겨 자신의 짝으로 삼고 싶어 한다."라고 분석했다. "유머 감각이 뛰어난 남자는 여자들이 원하는 남성상, 즉 사회성이 뛰어나고 지적인 인물로 간주된다."라고 하였다. 상대적으로 호감도가 낮은 얼굴이라도 여자들은 자신을 웃게 하는 남자에게 호감을 느낀다.

미소는 보는 사람을 기분 좋게 할 뿐만 아니라 설레게도 한다. 잘 웃고 유머가 있는 사람은 누구에게나 사랑받고 인기를 얻는다. 유머 감각은 대인관계에서 자신감을 얻게 하고 상황에 맞는 적절한 유머는 상대방을 무장해제시켜 대화에서 유리한 고지를 점령하게 한다. 유머는 긴장된 상황에서 여유를 만들어주고 지혜를 돋보이게 한다. 유머를 이해하기 위해서는 연상력과 순발력, 빠른 두뇌 회전이 필요하기 때문이다.

미국의 대통령들 가운데 링컨은 탁월한 유머 감각을 지닌 지도자로 기억된다. 상대방과 대화를 나눌 때 유머를 적절히 사용해서 재치 있는 입담으로 사람들의 이목을 집중시켰고 정치적인 논쟁에서도 자신에게 유리한 결론으로 쟁점을 이끌어갔다. 상대의 공격에 당황하거나 감정적으로 대하지 않고 유머가 섞인 재치 있는 답변으로 청중들을 사로잡았기 때문이다.

"나같이 밤낮으로 긴장하는 사람이 만일 웃는 일도 없었다면 벌써 죽었으리라."

— A.링컨(미국 16대 대통령)

링컨은 늘 웃으면서 유머 구사를 했지만, 속으로는 악전고투의 삶이었다. 그의 생애는 항상 좋은 일만 있었던 것은 아니었다. 크고 작은 선거에서 일곱 번이나 낙선했고 두 번이나 사업에 실패하여 큰 빚을 지기도 하였다. 정치가나 사업가로 실패한 사람처럼 보였고 사랑하는 가족을 잃는 아픔을 겪기도 하였다. 하지만 링컨은 낙천적인 성격으로 자신의 생애에 어려움이 찾아올 때마다 미소를 잃지 않았다.

미국의 베스트셀러 저자이기도 한 밥 돌은 2000년 〈뉴욕타임스〉에 '유머리스트'라는 기준을 만들어 발표하였다.

"모든 대통령은 통치력과 유머 감각이 요구된다. 가장 성공했던 최고 지도자들은 그 두 가지를 겸비했다."

밥 돌은 지도자의 가장 중요한 덕목으로 통치력과 유머 감각을 꼽았고 유머가 많은 대통령이 국정 능력도 뛰어나다고 하였다. 밥 돌은 『위대한 대통령의 위트』에서 미국 대통령 41명의 유머 감각을 단계별로 구분하여 1등부터 꼴찌까지 순위를 매겼다. 영광의 1위를 차지한 대통령은 에이브러햄 링컨, 2위는 로널드 레이건, 3위는 프랭클린 D.루스벨트였다.

돌 의원은 링컨을 '가장 위대하고 가장 재미있는 우리들의 대통령'으로 묘사하였다. 링컨을 공격했던 많은 사람은 그의 유머 한방에 대부분 무릎을 꿇었다. 하루는 링컨이 백악관 관저에서 자기 구두를 닦고 있었다.

그때 마침 이를 본 참모가 깜짝 놀라며 물었다. "대통령이 손수 구두를 닦아요?" 그러자 링컨은 참모보다 더 놀라는 표정으로 이렇게 되물었다.

"아니, 그러면 미국의 대통령이 남의 구두를 닦아야 한단 말인가?"

1%의 리더들은 오늘도 유머를 학습하고 있다. 하버드대학교에는 있고 서울대학교에 없는 것은 '유머 강좌'이다. 청와대에는 없고 백악관에는 있는 아주 특별한 임무를 수행하는 그들은 바로 개그 작가다. 이들은 대통령을 최측근에서 보좌하며 매달 수백 개의 유머를 모은 뒤 30~40개를 가려서 대통령에게 제공한다.

사실, 이 유머는 개그 작가들이 짠 각본일 경우가 많은데 대통령은 신중한 심사를 거쳐 그중 서너 개의 유머를 골라서 적재적소에 사용한다. 유머 하나로 청중들의 마음을 사로잡아 정치 판도를 바꿀 수 있기에 대통령이 사용하는 유머를 명품 유머라고도 한다. 명품 유머를 구사하는 대통령을 국민은 국정 운영도 잘하면서 유머도 있는 멋진 대통령이라고 생각하는 것이다.

우리의 정치 지도자의 모습은 어떠한가? 시종일관 무뚝뚝하고 무표정한 얼굴의 근엄한 모습이 먼저 떠오르는 것이 위의 사례와는 반대이다. 우리에게도 상대를 비난하는 비웃음이나 썩소 말고 유쾌하고 즐겁게 상대를 배려하는 유머가 있었으면 좋겠다. 입만 열면 사랑하는 국민께 고한다면서 표정은 냉담하기 그지없다. '정치 지도자의 덕목'을 검색하면 미소를 짓고 표정을 관리하라는 말은 있지만 적당한 유머 한두 개쯤 준비하라는 말은 없다. 오히려 유머를 사용하면 '실없는 사람'이 쓸데없는 소리나 한다고 '사람 가벼워 보여' 못 쓴다고 핀잔이나 받을 것이다.

대한민국이 웃지 않는 것은 점차 개인주의적 사고와 생활방식에 익숙해지며 최대한 남의 일에 끼어들지 않고 참견하지 않으려는 사회적 분위기가 있기 때문이다. 또한, 코로나 팬데믹으로 전 국민이 아니 전 세계 사람들이 마스크로 코와 입을 가리고 다니면서 더욱 웃는 얼굴 보는 일이 줄어들었다. 요즘처럼 각박한 세상에 마음이 즐겁고 평안해야 유머도 할 수 있는 거라고 생각을 하지만 꼭 그런 것은 아니다. 오히려 우울하고 슬플 때 누군가 들려주는 유머 한 마디로 웃어넘기고 이겨낼 수 있다. 유머는 나와 다른 사람을 자연스러운 관계로 연결해주는 다리 역할을 한다.

유머는 긍정 에너지를 만들어서 누군가를 기쁘게 하고, 다른 사람을 웃게 하면 결국은 나에게 다시 돌아와 내 기분이 좋아지고 웃을 일이 생긴다. 링컨은 유머가 가진 힘을 알았기 때문에 매일 저녁 유머책을 보고 잠자리에 들었고 다른 사람에게 자신이 알고 있는 유머를 들려주는 걸 좋아했다고 한다. 웃지 않는 하루는 무의미한 하루일 수 있다. 크게 웃어본 게 언제였는지 기억도 나지 않는다면 지금 당장 거울을 보고 입꼬리를 올려보자. 과거에 내가 즐거웠던 때나 크게 웃었던 일을 생생하게 떠올리며 목젖이 보일 만큼 입을 크게 벌리고 하하 소리 내어 웃어보자. 일부러라도 웃으면 몸과 마음의 면역력이 강해져 건강에도 좋다.

영국의 정치인이자 71대 총리인 마거릿 대처는 사람들이 떠올리는 대표적인 여성 지도자이다. 11년간 최장기 집권한 그녀는 우아한 여인이라는 표현 대신 '철의 여인'이란 별명을 가져 유머와는 거리가 있을 것 같은 이미지를 지녔다. 그렇게 딱딱해 보이는 대처 총리도 한 만찬장에서 유머 한마디로 600여 명의 지도자를 웃게 했다.

"홰를 치며 우는 건 수탉일지 몰라도 알을 낳는 건 암탉입니다."

여자라고 무시하지 말라는 이 간단한 재치와 유머로 남성 중심의 보수적인 영국에서 대처 총리는 위대한 정치가임을 스스로 증명하였다. 리더들이 배워야 할 것 중 하나는 유머이다. 유머의 뿌리는 긍정적인 심리를 바탕으로 감성역량을 키우는 데서 자란다. 리더로서 존경받고 업무를 처리하는 능력도 인정받고 싶다면 필수적으로 유머를 학습하기 바란다. 유머는 강력한 리더십을 만드는 데 매우 큰 몫을 차지할 것이다.

천재들의 공통점은 유머가 뛰어나다는 것이다. 유대인들은 영재교육

기관에서 특별한 수업을 받는다. 로보틱스, 저널리즘, 천문학, 기계 수리, 유머, 리더십, 화술 등 다양하다. 공식적인 학교 교육에 포함되지 않은 다양한 주제를 경험하게 한다. 우리는 호기심과 유머를 다소 억제하게 하지만, 유대인은 아이가 엉뚱한 질문을 해도 칭찬하고 장려한다.

"웃음은 기호품이 아니라 주식입니다."
"모든 생물 중에서 인간만이 웃는다. 인간 중에서도 현명한 사람일수록 잘 웃는다."

– 탈무드

유머는 성공의 원동력으로 유머를 잘하는 사람은 두뇌가 유연하고 창조력이 있다. 똑같은 상황에서 누군가는 위트 감각이 묻어나는 유머 한마디를 건넴으로 상황을 역전시키고 나에게 유리한 방향으로 이끌어간다. 더 많이 웃을수록 호감도는 상승하기 때문이다. 영어의 유머나 조크에 해당하는 히브리어 '호프마'는 지혜를 의미한다. 때문에, 유머를 단순한 농담으로 여기지 않고 현명한 사람의 지적 활동으로 간주하는 것이다.

06
—

때로는 말보다 행동으로 보여주어라

2021.05월 〈국민일보〉에 오영석 박사의 인터뷰가 실렸다. 일흔을 넘긴 오영석 박사는 프랑스 국립응용과학원 교수와 카이스트 초빙교수를 지냈다. 2004년 한국으로 돌아와 카이스트 입학사정관으로 활동하기도 했다. 드라마틱한 그의 삶과 가족 이야기가 흥미로웠다. 나 역시 두 자녀를 키우고 있는 엄마로서, 무엇보다 두 자녀를 프랑스의 젊은 리더로 키운 가정교육 철학에 저절로 관심이 갔다.

여느 한국 부모들과는 사뭇 다른 자녀교육관을 피력한 그는 프랑스 여성과 결혼해 프랑스에서 남매를 키웠다. 아들은 현재 프랑스의 디지털경제부 장관으로 에마뉘엘 마크롱 대통령과 지금의 여당인 앙마르슈를 함께 창당했고, 딸은 프랑스 하원의원을 거쳐 유엔 세대 평등 포럼의 사무총장으로 글로벌 무대에서 활동하고 있다.

박사는 "네 길은 네 손으로 열고, 눈물도 네 손으로 닦아야 한다."라고 가르쳤다. 자녀가 결혼한 뒤에도 손주까지 돌보느라 허리가 휘는 우리의 일반적인 부모와 확실히 다른 교육철학을 갖고 있었다. 두 자녀를 훌륭하게 키운 교육 비결에 대해 그는 다소 특별할 것 없는 '독서와 대화'가 교육의 큰 원칙이었다고 했다.

초등학교 2학년이 될 때까지 하루도 빠짐없이 책을 읽어주고 수요일 오후엔 온 가족이 도서관에 가서 시간을 보냈다. 그리고 온 가족이 함께 매일 저녁 식사를 하면서 각자 하루 이야기를 나누었다.

박사의 두 남매는 프랑스에서 '대학 위의 대학'으로 불리는 엘리트 양성기관인 그랑제콜 출신이다. 박사는 부모의 역할 중 가장 중요한 것은 첫째는 보여주는 것이고 둘째는 직접 모범을 보이는 것이라고 했다. "잘 보여주려면 부모 자신이 공부해야 합니다. (중략) 그리고 부모가 먼저 행복해야 합니다."

부모들은 자녀들에게 보통 '책을 읽어라.', '정직해라.', '노력하면 꿈을 이룰 수 있다.'라고 말하지만 정작 자신들은 책보다는 TV를 즐겨보고 스마트폰을 놓을 줄 모르며 책 읽는 모습은 찾아볼 수 없다. 정직하라고 하면서 자신의 잘못은 감추고 변명하기 급급하고, 노력하면 꿈을 이룰 수 있다고 하면서 공부하는 모습은 보여주지 않고 그저 하루하루를 살아가기에 급급하다.

부모는 자식의 본보기이다. 자녀들은 부모의 뒷모습을 보고 자란다고 하였다. 입으로만 말하고 행동하지 않는 부모에게서 훌륭한 자식이 나오기를 기대한다는 건 큰 착각이다. 자신이 말한 대로 지키는 것을 자녀들에게 보여주고 이래라저래라하며 훈수를 드니 한 번 보여주는 게 낫다. 부모 자신이 공부하고 모범을 보이면 백 번 말하지 않아도 자녀들은 스스로 알아서 공부하게 될 것이다.

박사는 어떤 직업을 갖는 것과는 상관없이 본인이 만족하고 인류에 공헌하는 것이 제일 중요하다고 하였다. 다른 사람을 위해 봉사하지 않는 좋은 머리는 의미가 없으며 오히려 독이 될 수 있다고 가르쳤다. 한국에서 교육의 목표는 여전히 명문 대학 진학이며 전문가가 되거나 대기업에 취직하는 것이고 부모 대부분은 자녀들이 좋은 배우자를 만나 가정을 이루고 남들과 똑같이 명문 대학을 가고 좋은 직장에 들어가기를 원한다.

문해 교육사로 자원봉사를 하고 평생학습센터에서 배움에 목마른 어르신들에게 '한글과 생활상식' 강의를 한 적이 있다. 사람들은 자선의 필요성과 중요성은 말하면서 막상 아무것도 하지 않는 사람들이 있다. 나는 내가 할 수 있는 일을 찾아 자원봉사를 시작했다.

어르신들에게 한글을 가르쳐드리고 살아가는 데 필요한 생활상식을 알려드리는 것이다. 그때 당시 나는 30대였고 찾아오는 사람들의 나이는 40대부터 80세까지 실로 다양했다. 어려운 가정 형편으로 어려서부터 돈벌이를 해야 해서 배움의 기회와 시기를 놓친 사람들이 대부분이었다.

몇몇 어르신들은 '여자'라는 이유로 글을 못 배우셨다고 했다. '암탉이 울면 집안이 망한다.'라는 이유를 들어, 여자가 글은 배워서 뭣 하느냐고 일부러 글을 가르치지 않았다. 가난한 나라로 손꼽히던 한국은 눈부신 경제 성장과 발전을 이룩했다. 지금은 상상할 수 없을 만큼 가난했던 한국은 집안을 일으킬 수 있는 아들에게 우선 교육의 기회를 부여했다. 그렇게 서럽게 자라서 시집을 갔는데 남편은 걸핏하면 '까막눈'이라고 무시했다.

친구들이 교복을 입고 학교에 가는 모습이 너무 부러워서 먼발치서 눈물을 훔치던 가슴 아픈 추억을 가슴에 간직하고 있었다. 부모님을 일찍 여의고 아무도 관심을 보여주지 않아서, 먹고살기 바빠서 배울 기회를 얻지 못해 우리글을 읽고 쓸 줄 모르는 분들이었다.

수업 시작 전에 '자기소개' 시간을 가졌는데 대부분 눈가에 물기가 고이고 목소리가 떨린다. 말하는 사람도 듣는 사람도 이심전심이 되어 "아이고, 쯧쯧쯧 맞아. 그땐 그랬어." 맞장구를 치면서 자신의 이야기인 양 귀 기울여 듣는다.

스스로 배우겠다고 찾아오신 분들은 정말 용기가 대단하신 분들이다. 어떤 분들은 남이 알까 걱정이라며 쉬쉬하는 분들도 있고 시장에 간다며 가족들 몰래 나오는 어르신들도 계셨다. 그런 한두 분을 제외하고 정말 즐겁고 자랑스럽게 학교에 다니셨다. 시장에서 장사하시는 할머니의 연세는 82세였는데 이대로 죽으면 억울할 것 같다며 내 이름과 자녀들 이름은 쓸 줄 알았으면 좋겠다는 소망을 간직하고 찾아오셨다.

어르신들의 첫 수업시간 풍경은 약간의 설렘과 긴장이 적절히 기분 좋게 어우러진다. 어르신들의 교육열은 정말 대단했다. 처음엔 내가 베푼다, 내가 준다는 마음으로 자원봉사를 시작했다가 반대로 어르신들과 부대끼며 울고 웃다 보니 오히려 내가 얻는 것이 더 많았다.

연필 잡는 방법부터 시작해서 한글의 '자음'과 '모음'을 가르쳐드리고 난생처음 크레파스를 만져보신다는 어르신들과 색칠공부도 하고 치매 예방에 좋은 종이접기도 했다. 내 얼굴 그리기를 하고 앞에 나와서 발표하는 시간을 가졌는데 한바탕 웃음잔치가 벌어지기도 했다. 한글이 어떻게, 누가 만들었는지를 배우실 때는 "세종대왕 때문에 우리가 이렇게 한 글을 읽고 쓴다며 참 고마운 임금님"이라고 세종대왕에게 편지를 쓰는 어르신도 계셨다.

성탄절에는 가족에게 카드 보내기를 했었다. 자신의 어머니에게 난생 처음으로 성탄 카드를 받은 아들은 기쁨과 행복의 눈물을 흘렸다. 어머니에게 좀 더 관심을 쏟고 한글을 가르쳐드렸어야 했는데 무신경했던 세월이 죄송하다며 아들은 공책과 연필과 지우개를 잔뜩 사서 예쁜 책가방과 함께 성탄절 선물을 어머니에게 보냈다.

비록 삐뚤빼뚤 잘 못 쓰는 글씨지만 할머니의 성탄절 카드를 받은 손주들은 우리 할머니 최고라며 하트를 날렸다. 시장에 나갔다가 버스를 잘못 타서 엉뚱한 곳을 한참 돌았다는 어르신은 이제 글을 읽을 줄 아니 버스 잘못 타는 일은 없다고 하셨다. 바깥어른이 살아 계실 땐 시장에 같이 다녀서 문제가 안 되었지만 돌아가시고 나니 너무 답답해서 글을 배워야겠다고 생각하셨단다.

그런 어르신들에게 어떻게 하면 하나라도 더 재미있게, 쉽게 가르쳐드릴까 밤새 연구하던 시간이 지금 생각하면 참 즐겁고 보람찬 순간이었다. 어르신들은 창피함과 부끄러움을 견디고 스스로 공부를 하러 찾아오셨다. 50분 수업을 위해 버스를 두 번 갈아타고 오시는 어르신도 계셨다. 수업시간에 지각하는 어르신은 한 분도 계시지 않았고 학교에 오는 것이 너무 재미있다며 두 시간 전부터 오셔서 기다리시는 분도 계셨다. 열심히 공부하셨고 한참 어린 나에게도 '선생님'이라며 언제나 존댓말로 깍듯하게 대해주셨다.

오영석 박사는 프랑스 국립응용과학원 교수와 카이스트 초빙교수를 지내신 석학이다. 반면 '한글 교실'에 오셨던 어르신들은 주변에서 쉽게 만나볼 수 있는 평범한 이웃이고 시장에서 장사하시던 어르신들이었다. 둘 사이에는 배움의 깊고 얕은 차이는 있지만, 자녀들과 주변 사람들에게 스스로 모범을 보이고 삶을 개척하고 열정적으로 살아가시는 모습은 비슷했다.

성공하는 사람은 말보다 행동으로 먼저 보여주는 사람이다. 좋은 리더는 자신의 팀에게 일이 어떻게 이루어져야 하는지 말하지 않고 그들에게 행동으로 보여준다. 생각만 하고 행동하지 않으면 언제나 제자리걸음을 하게 되고 발전이 없다.

나이가 많다고 포기하지 않고 부끄럽다고 숨지 않고, '까막눈'이라고 무시 받던 어르신들이 도전하지 않았다면 가족들에게 성탄 카드를 적어 보내는 작은 기적은 일어나지 않았을 것이다.

꿈은 꾸기만 하면 꿈으로 그냥 남지만 꿈을 이루기 위해 노력하면 언젠가 꿈은 반드시 현실이 된다. 행동하면 긍정 에너지가 생기고 불가능할 것만 같았던 일도 가능해진다. 내가 만난 어르신들이야말로 말보다 행동으로 세상에 자신의 삶을 보여주는 작은 거인들이었다. 이때 인연 맺은 '최 선생님'의 권유로 나는 사이버대학에 편입해서 '한국어교원2급' 자격증을 취득하였다. 말만 하고 행동하지 않으면 우리 삶에서 아무 기적도 일어나지 않는다.

07
—

변명하지 말고 실수를 인정하라

"우리가 자신의 실수를 받아들일 때 거기서 교훈을 얻을 수 있다."

– 하버드대학 심리학과 교수 엘런 랭거 (Ellen Langer 1947~)

누구나 실수를 하고 잘못을 저지를 수 있다. 살면서 실수 한 번 안 하고 사는 사람은 없다. 인간이기 때문에 실수한다. 사람들은 실수를 통해 배우고 성장한다. 그런데 실수하면 움츠러들고 어떤 일에 대하여 실패할까 봐 겁부터 먹는다. 그래서 어떤 일을 시도조차 하지 못하고 지나치는 일들이 많다. 무슨 일을 하든지 항상 완벽하게 해내려고 하는 사람들을 완벽주의자라고 한다.

완벽주의자에게는 긍정적인 측면으로 높은 자존감과 자기 효능감이 있고, 성취에 대한 압박으로 위기의식, 소외감, 불안과 같은 정신 건강상의 문제를 일으키는 등의 부정적 측면이 있다. 완벽주의자는 자신이나 남에게 실현하기 불가능한 것들을 기대한다. 무슨 일을 하건 항상 완벽하게 해내려고 해서 남들이 보기에는 충분히 훌륭한 상태인데도 그에 만족하지 못한다. 자신이 세운 기준에 맞지 못하면 스스로 자기비하를 하고 자신이 남들보다 못하다는 강박 증상에 사로잡혀 우울증을 겪기도 한다. 이 사람들은 기준을 매우 높게 잡고 엄격한 평가를 한다. 그래서 완벽주의자들은 직장에서 생각만큼 환영받지 못한다.

이들은 다른 사람들보다 훨씬 뛰어난 능력과 자신이 맡은 일을 완벽하게 수행하려는 자질을 갖추고 있지만, 동료들과 잘 지내기가 힘들다. 자신은 최선을 다해 일하는 모범 직원이고 주변 사람들은 적당히 일하는 직원이라고 생각하기 쉽다. 그래서 다른 직원들을 상당히 피곤하게 한다. 한 가지 일에만 지나치게 신경을 쓰고 집중을 하다 보니 쉽게 신체적·정신적 피로감을 호소하며 쉽게 번 아웃에 빠지고 동료들과의 관계에는 무신경하다.

이 세상에 완벽한 건 없다. 완벽하지 않은 세상에서 혼자만 완벽하게 하려고 발버둥을 치니 몸도 마음도 병이 나는 것이다. 이런 번 아웃 증상에서 벗어나기 위해선 혼자 완벽하게 모든 일을 다 하려고 하지 말고 주변 사람들과 협력하고 고민을 나누어야 한다. 되도록 정해진 업무 시간 안에 일하고 집으로 일을 가져가지 않는다. 어느 정도의 실수를 허용해야 한다.

아이들이 어릴 때 온라인 중고 ○○를 통해 유아용품을 한동안 자주 거래했었다. 나의 키워드는 '새것 같은 중고'나 '거의 새것'이 붙은 물품을 공략해서 새것의 반값 아래로 구매하는 것이었다. 나 역시도 잠깐 쓰다가 마는 육아용품들을 판매하기도 했다. 그런데 택배를 보내고 받는 일은 신경도 쓰이고 귀찮은 일이기도 하다. 천 원짜리 한 장 아끼자고 아이들까지 데리고 나가서 택배 부치고 오는 일은 더 어려웠다. 그땐 아이들이 어렸기 때문에 종종 방문 택배를 이용했다. 이용하는 횟수가 늘다 보니 자연스럽게 택배 아저씨와 친해져서 가끔 마주치면 가벼운 인사를 건네기도 했다.

2년 전 추석 명절의 일이다. 아들이 갖고 싶어 하는 장난감이 중고 ○○에 저렴한 가격에 올라왔는데 상태도 거의 새것이나 마찬가지였다. 보통 그런 건 올라오자마자 불티나게 댓글이 달린다. 그래서 신속한 손가락 놀림이 필요하다. 잠깐 놀다 말 건데 비싼 값에 새것을 사느니 중고로 사줘야지 하고 구매를 한 뒤 택배를 기다렸다. 아들은 "엄마, 내일이면 와요.", "엄마, 오늘은 와요?" 하고 손꼽아 기다렸었다. 물건을 사고

팔 때 혹시나 하고 택배 영수증 인증 사진을 주고받는데 물건을 보내는 사람이 다행히 명절 전에 받을 수 있을 거라고 했다. 그런데 명절이 코앞으로 다가왔는데도 택배가 도착하지 않았다. 나는 물건을 받지 못했는데 택배 송장 번호를 조회하면 배달 완료라고 떴다. 명절에 갖고 놀겠다고 신나서 택배가 오기만 기다리던 아들은 실망이 이만저만이 아니었다.

처음엔 명절 앞두고 택배 물량이 많다 보니 늦어지나 보다 해서 기다려보기로 했지만, 이제 이틀이면 명절인데 설마 오늘은 오겠지 하는 기대는 여지없이 무너지고 말았다. 나는 택배 아저씨에게 전화를 걸었다. 하지만 택배 아저씨가 업무 시간에 전화를 받지 않고 저녁에 사무실에 들어가셔야 받는다는 걸 아니 기다리는 수밖에 없었다. 그래서 택배사의 대표전화로 연락해보았지만, 명절 앞두고 바쁜 탓인지 그 전화마저도 계속해서 '통화 중'이라는 응답만 들릴 뿐이었다.

저녁이 되어 다시 전화해보았지만, 아저씨는 계속해서 전화를 받지 않았다. 나는 슬슬 짜증이 나기 시작했다. 문자를 확인하면 전화해달라는 메시지를 남기고 연락이 오기만 기다렸다. 그렇게 명절이 지나고 나는 화가 날 대로 난 상태에서 전화를 받을 수 있었다. 아저씨는 전화가 이렇게 많이 온 줄 몰랐다고 했다. 그리고 자기는 택배를 정확히 전달했지만, 문제가 있다니 알아보고 연락해 주겠다며 먼저 전화를 끊었다.

삼십 분쯤 지나서 다시 전화가 왔고 "이상하네요. 저는 분명히 제대로 갖다 놨는데 물건이 없어졌다니. 혹시 명절 앞두고 택배 도둑들이 많다는데 다른 사람이 가져간 건 아닐까요?"라면서 이상하다는 말만 할 뿐 찾아보겠다, 어떤 조치를 해주겠다는 말은 없었다. 그동안 아저씨에 대해 좋게 생각했던 마음이 순간 싹~ 가시면서 더는 얘기하고 싶지 않았다. 아들이 졸라대자 남편은 직접 찾아보겠다며 혹시나 하고 아파트 꼭대기 층부터 1층까지 다 훑어보자고 했다.

다행스럽게도 아들이 애타게 기다리던 장난감은 다른 층 현관문 앞에 얌전히 주인이 찾아가주기만 기다리고 있었다. 그 집 주인들에게도 서운한 마음이 들고 어이가 없기도 했다. 내 물건이 아니라면 경비실에 연락하든지 택배사에 연락하든지 해서 택배가 잘못 왔다고 말해줄 수도 있었고, 일주일 가까이 자기 집 현관문 앞에 택배물건이 놓여 있었는데 인터폰으로 연락을 해줄 수도 있는 일이지 않나 싶었다.

속상한 마음에 친구에게 말했더니 "그 집 주인은 그래도 착하네. 어떤 사람은 자기가 꿀꺽하는 사람도 있는데."라고 하였다. 아저씨는 택배를 찾았다는 말에 "그 봐, 배달은 분명히 완료했는데 물건이 없어질 리가 있나. 그런데 진짜 이상하네. 난 분명히 제대로 갖다 놓은 거 같은데 택배에 발이 달려서 움직였나 참 이상하네." 웃으며 말하더니 아무렇지 않게 또 먼저 전화를 끊었다.

난 속으로 '아니 뭐 이런 사람이 있지? 자기가 실수해서 다른 층에 갖다 놓고선 미안하다는 말 한마디가 없네.'라고 생각했다. 명절 앞두고 배달 물량이 많아서 아저씨들이 밤늦게까지 배달 전쟁을 벌인다는 말을 들었기에 사람이니까 바쁘면 '실수'할 수 있다고 생각했다.

그렇다고 해서 내 물건이 함부로 취급되어도 괜찮다는 말은 아니었는데 적어도 며칠을 맘고생을 시켜놓고, 정말 도둑맞은 건 아닌가 의심까지 했는데 사과 한마디 없는 아저씨의 태도가 너무 실망스러웠다. 아저씨가 변명하면 할수록 "나는 덜렁거리는 사람입니다. 그러니 저를 믿지 마세요." 하는 것 같았다. 변명은 순간을 모면하게 할 뿐 어떤 상황도 해결해주지 못한다.

사람들은 완벽한 사람보다 뭔가 빈틈이 있어 보이는 사람에게 더 호감을 보인다. "물이 너무 맑으면 고기가 안 모인다."라는 속담이 있다. 사람이 지나치게 바르고 허물이 없으면, 곁에 사람들이 따르지 않는다. 가끔은 상대방의 실수를 너그러운 마음으로 눈감아주어야 한다. 상대방의 실수에 대해 조목조목 따지고 책임을 전가하느라 시간을 보내면 상대방은 당신에게 마음의 문을 굳게 닫아버릴 것이다.

하지만 실수를 했을 때 용기 있게 고백하는 것이 선행되어야 한다. 실수를 좋아하는 사람은 없다. 실수하면 창피하고 바보가 된 것 같기도 하다. 하지만 실수하지 않고는 새로운 것을 배울 수 없다. 실수가 없는 분은 하나님밖에 없다. 중요한 것은 실수하는 것 그 자체가 아니라 실수를 하고 난 뒤의 행동이다. 구차한 변명이나 핑계를 늘어놓지 않고 실수를 인정하고 사과할 것은 사과하는 것이 상대방으로부터 용서를 얻는 길이다.

용서해주고 싶은 마음이 있다가도 온갖 변명만 늘어놓는다면 용서해주고 싶은 마음이 싹 사라져버릴 것이다. 난처하거나 난감한 상황에 놓이면 우리는 자신도 모르게 변명을 늘어놓는다. 일하다가 잘못이나 실수를 저질렀을 때도 처한 상황 탓에 어쩔 수 없었다며 이런저런 변명을 하곤 한다. 하지만 실수를 인정하지 않고 변명을 시작하는 순간 당신은 믿을 만한 사람은 아니라는 인상을 심어주게 된다. 실수와 실패한 것에 대하여 곱씹으며 자책하는 것을 너무 오래 하는 것도 좋지 않다.

'인간이니까 실수할 수 있지.' 하고 쿨하게 인정하고 똑같은 실수를 반복하지 않으면 된다. 대신 실패한 기억은 빨리 잊어버리고 다시 시작하는 것이다. 실패한 기억을 끌어안고 있어봤자 변하는 것은 아무것도 없다. 실패했을 때 누군가는 이런저런 이유를 대며 실패할 수밖에 없었던 변명을 늘어놓는다. '남의 탓', '환경 탓'만 하다가 세월을 다 허비한다. 하지만 성공한 사람은 실패의 핑계로만 댈 수 있는 이유를 회피하지 않고 자양분 삼아 딛고 일어선다.

- 3장 -

공감을 얻는 대화법은 따로 있다

01

상대방의 호기심을 자극하라

유튜브, 트위치, 틱톡 등 온라인 영상 플랫폼이 급부상하고 있다. 〈팩트경제신문〉의 "Z세대에게 내 유튜브 어필하려면? 섬네일을 공략하라"의 기사에 의하면 1인 크리에이터 영상을 시청하는 목적은 '스트레스 해소를 위해'가 MZ세대 전체에서 1위로 나타났다. 1인 크리에이터 영상은 TV 프로그램에 견줄 정도로 전 국민이 즐겨보는 콘텐츠로 자리 잡았다.

디지털 환경에 익숙하며 SNS 유통시장에서 가장 강력한 영향력을 미치는 MZ세대(Millennials and Gen Z)가 영상을 시청하는 데 가장 큰 영향을 미치는 요인은 '섬네일 (미리보기 이미지)'이었다. 영상 내용을 압축적으로 표현한 정보를 담은 섬네일을 통해 영상의 핵심 내용과 분위기,

포인트를 예상하고 더불어 자신이 보고 싶은 내용이나 원하는 감성이 담긴 영상인지 파악하고 시청 여부를 결정한다.

영상 플랫폼으로 소통하는 시대가 되었다. 영상을 시청할 것인지 아닌지를 결정하는 주요 요인은 섬네일에 대한 흥미와 호기심이다. 블로그에서 키워드가 중요하다면 유튜브에서는 섬네일이 중요하다. 사람들이 영상을 클릭하는 데 영향을 미치는 것이 섬네일이다.

그러다 보니 청취자의 관심과 호기심을 자극하고 궁금증을 해결해주는 유튜버의 방송이 인기를 끈다. 일련의 모든 활동은 여러 가지로 포장되어 있지만 결국 수입과 관련되어 있다. 종종 이를 악용하여 자극적인 내용의 섬네일을 작성하거나 내용과 상관없는 '미끼'용으로 작성된 섬네일들이 많아서 이들을 잘 걸러내는 안목이 필요하다.

영상 플랫폼은 어느덧 일상생활의 일부분으로 정착되었고 코로나19로 '언택트' 문화가 확산하면서 '온택트'는 이제 우리 생활에 필수이다. 개인뿐만 아니라 기업들까지 앞다투어 영상 플랫폼으로 소통한다. 유튜브는 소비자와 직접적인 소통에 최적화된 도구로 제품의 홍보 효과를 톡톡히 보고 있다. 온라인 시장은 점점 더 뜨거워지고 커지고 있다.

온라인이든 오프라인이든 우리는 어떻게 하면 상대의 관심을 나에게 집중시킬 수 있을까가 최대 관심사이다. 어떻게 해야 상대가 내 말에 귀를 기울이고 그 사람에게 깊은 인상을 남길 수 있을까? 그 방법이란 바로 '흥미를 끄는 것', '환심을 사는 것'이다. 내가 관심 있어 하고 흥미 있는 이야기를 할 때 사람들은 재미를 느끼고 지루함을 느끼지 않는다. 관심도 없고 재미도 없는 이야기를 상대가 내 앞에서 하고 있다면 십중팔구 당신은 머릿속으로 딴생각을 하거나 하품을 참느라 애를 쓸 것이다.

내 말에 귀를 기울여주고 잘 들어주는 사람과 대화를 한다는 것은 언제나 즐거운 일이다. 특히 그 사람이 나의 '흥미'를 끄는 이야기로 '호기심'을 자극한다면 나는 하던 일을 당장 멈추고 상대의 입에서 나오는 말을 하나라도 더 들으려고 귀를 쫑긋 세울 것이다. 대화 시작 3분 안에 상대의 관심을 끌지 못하면 그 뒤로 어떤 노력을 해도 소용이 없다고 한다.

평소 주변에 항상 사람들을 몰고 다니는 사람, 그 사람이 특히 당신이 원하는 것을 갖고 있는 사람이라면 공감을 일으키는 이야기로 상대의 '호기심을 자극'시켜 주의 전환을 시킬 필요가 있다.

상대가 중요하게 생각하는 것이 무엇인지 호기심과 궁금증을 갖고 그 사람의 말에 귀를 기울이면, 그 사람의 말에서 충분히 힌트를 얻을 수 있다.

건강에 관심이 있는 사람이라면 건강 이야기를, 성공에 관심이 있는 사람이라면 성공에 관한 이야기를, 연애에 관심이 있는 사람이라면 연애 이야기를 해야 관심을 끌 수 있다. 관심을 끄는 것은 '호기심'을 자극하는 것이고 이것은 사소해 보이지만 어떤 작은 일에 계속해서 의미를 부여하는 것이다. 그리고 상대가 자부심을 느끼는 일에 관해 이야기한다. 이를테면 그 사람이 자신 있게 이야기할 수 있는 주제를 화두로 꺼내거나 자랑하고 싶어 입이 근질근질한 이야기를 먼저 꺼내는 것이다.

자신 있게 이야기할 수 있는 이야기를 나누면 상대의 기분은 자연스럽게 좋아진다. 내가 어떤 일에 종사하지 않는 한 상대방은 내 앞에서 그 일에 대한 '전문가'가 되어 신나게 대화를 이어가고 그 사람은 어느 순간 당신에게 좋은 감정을 느끼게 될 것이다. 누군가 '인간관계는 호기심을 사고 환심을 사는 기술'이라고 했다.

호기심이 발동해야 어떤 일을 하기 위해 움직인다. 호기심이 발동해야 그 사람과 대화를 나누고 싶어진다. 호기심이 발동해야 클릭한다. 호기심은 어떤 일을 할 것인지 안 할 것인지의 판단의 근거가 된다. 호기심은 노화를 늦추고 뇌 건강에도 좋다고 한다. 그런데 나이가 들면서 호기심 가득한 눈으로 세상을 바라보던 눈빛이 변하고 궁금증과 호기심이 조금씩 사라져가는 것을 느낀다.

어린아이들을 보면 궁금증과 호기심으로 눈이 반짝반짝 빛난다. 궁금한 것도 많아서 항상 질문하곤 하는데 호기심이 끝이 없다. 아이들이 물어볼 때 '잘 모르겠는데.', '그런 건 알아서 뭐하게.' 하고 얼버무리거나 무시해버리면 아이들의 사고력은 더는 자라지 않는다. 아이들은 정말 별걸 다 물어보지만 절대 귀찮아 말고 정성스럽게 대답해주어야 한다.

한국 학생들은 적극적으로 질문하지 않는다고 한다. 학교에서도 사실을 가르치고 지식을 주입하는 데 급급하지 말고 지적 호기심을 키워주는 노력을 기울여야 한다. 그래야 적극적으로 질문하는 학생들이 늘어난다. 교실 안에서도 소통이 필요하다. 의문과 상상력, 비판하는 능력은 발전의 에너지가 된다.

2010년 11월 G20 폐막식에서 미국의 버락 오바마 대통령은 연설을 마친 뒤 예정에 없던 질문 기회를 언론인들에게 제공했다. 특히 행사의 개최국이었던 우리나라의 기자들에게 기회를 주고자 하였다. 그때 나는 TV로 그 모습을 지켜봤는데 정말 손드는 사람이 아무도 없었다. 찬물을 끼얹은 듯 조용한 한국 기자단의 모습에 내가 다 민망했었던 기억이 난다.

오바마 대통령은 친절하게도 "한국어로 질문하면 통역이 준비돼 있다."라고 했지만 아무도 질문하지 않자 결국 중국인 기자가 아시아권을 대표해 질문해도 좋으냐며 유창한 영어로 질문했다. 지켜보는 한국인으로서 부끄럽고 자존심이 상했던 기억이다. 이때 현장에 있었던 기자는 3000명 정도였고 그중 절반이 한국인 기자였다고 한다. 국제적인 행사를 취재하러 간 기자들이 설마 질문 하나 못 할 줄은 상상도 하지 못했다.

당시 이를 지켜보던 많은 사람이 당황했고 좀 더 심하게 말하면 충격을 받았다. 기회가 없어서가 아니라 미국 대통령이 콕 집어서 한국 기자에게 기회를 주었는데도 30초간 어색한 정적만 흘렀다. 교실에서 선생님이 학생들에게 질문할 때 흐르는 정적과 비슷하게 느껴졌다. '누군가 질문하겠지.', '이런 거 물어봤다가 창피만 당하게 되면 어쩌지?', '아는 게 있어야 물어보지.', '귀찮게 자꾸 뭘 물어보라는 거야.' 등등 이런 생각들이 머릿속에 머물렀을까?

아이의 수학 공부는 엄마가 직접 시켜보겠다는 생각으로 얼마 전 '방과 후 수학 지도사' 자격증을 땄다. 그때 강사 선생님이 했던 말이다. 학원에 취직해서 처음으로 학생들에게 수학 강의를 했다. 너무 긴장해서 땀을 뻘뻘 흘리고 있었지만 아무렇지 않은 척하며 무사히 수업을 마치고 수업 마치기 5분 전에 학생들에게 궁금한 것을 물어보라고 했다.
속으로는 '제발, 아무도 질문하지 마라. 손들지 마, 제발!' 이러고 있었단다. 그런데 정말 아무도 손을 들지 않고 질문하는 학생이 없어서 자기가 수업을 잘못했나 하고 의심했단다.

100여 년 전 아니 현재까지도 한국을 방문했던 외국인들의 눈에 비친 우리 민족은 호기심과 궁금증이 넘쳐나는 민족이었다. 한국인만큼 호기심과 궁금증으로 가득한 민족은 없을 것이다. 그런데 어쩌다 질문하지 않고 궁금해하지 않는 대한민국이 되었을까?

1904년 미국 사회주의 작가 잭 런던(Jack London)은 "한국인의 두드러진 특성은 호기심이다. 그들은 '기웃거리는 것'을 좋아한다. 한국말로는 '구경'이라고 한다."라고 했다.

베르나르 베르베르는 한국인이 사랑하는 프랑스의 소설가이며 저널리스트이다. 〈조선일보〉 기사에 의하면 전 세계에 베르나르 베르베르가 판 책이 1500만 부인데 그중 3분의 1이 한국에서 팔렸다고 한다. 그는 2004년 "한국인은 호기심에 가득 차 있다. 어린아이 같은 열린 눈과 열린 마음으로 새로움을 추구한다."라고 했다.

사람을 움직이는 호기심과 궁금증은 인간관계의 윤활유와 같다. 녹이 슬어 뻑뻑해서 도무지 어쩔 수 없는 쇳덩어리에 윤활유를 뿌려주면 마찰력을 줄여주거나 마찰열을 분산시킬 수 있다. 호기심은 상대에 관한 관심에서 출발한다. 관심이 있으면 호기심이 생기고 그 사람이 궁금해서 "왜?" 하고 자꾸 질문하게 된다. 상대를 다 안다고 내 맘대로 생각할 때 오해가 생기고 서로 불편함이 생긴다. 대화를 이어가고 싶은 사람이 있다면 호기심과 궁금증이 가득한 눈으로 상대를 바라보아라. 반짝반짝 빛나는 눈만 보아도 상대는 공감받고 있다는 느낌을 받는다.

02

상황에 맞는 적절한 화제를 던져라

베스트 셀러 『정의란 무엇인가』로 한국 사회에 '정의'와 '공정' 논쟁을 불러일으킨 하버드대 명교수 마이클 센델(Michael Sandel)은 27세에 최연소 하버드대학교 교수가 되었다. 그의 수업은 하버드대학교 학생들 사이에서 최고의 명강의로 손꼽힌다. 그는 훌륭한 강연자이자 심리학자이다.

류리나의 『하버드 100년 전통 말하기 수업』에 의하면 매번 강의에 찾아오는 청중들이 다양하기에 임기응변으로 그는 화제를 전환한다. 그의 강연을 듣기 위해 찾아오는 청중은 어린아이부터 백발의 노인들과 엘리트들까지 다양하다. 한 번의 강연을 위해 수차례 화제를 전환하며 할 말이 없을 난처한 상황을 대비해 180개에 달하는 화제를 미리 준비한다고 한다. 대화하다 이야기가 끊어지거나 할 말이 없을 때 당황하지 말고 자연스럽게 재빠른 화제 전환이 필요하다. 그렇지 않으면 상대는 더는 당신의 말에 귀를 기울이지 않을 것이다.

"막힘없는 대화란 거의 존재하지 않는다. 대화 시간이 길어지면 분명히 어떤 관점으로 인해 어긋나거나 대화가 막힐 수 있다."

— 하버드대학 심리학자 마이클 센델(Michael J. Sandel)

심오한 이론이나 유명한 학자의 이야기만을 화제로 삼을 수 있는 것은 아니다. 그런 이야기를 좋아하는 사람은 몇 명 되지 않는다. 사람들은 오히려 우리 주변에서 흔하게 일어나는 일상적인 화제를 듣고 싶어 하고 더 재미있어한다. 심오한 이론이나 유명한 학자의 이야기는 지식이나 진리 탐구에는 도움이 되지만 이야기하는 사람과 청중 사이에 정서적 공감대 형성은 되지 않기 때문이다.

당신이 어떤 사람과 만나서 이야기를 나눌 때 무슨 말을 해야 할지 모르겠다면 그냥 주변에서 일어나는 이야기를 하면 된다. 또는 말하는 사람만 신나는 이야기를 한 시간째 떠들고 있다면 재치 있는 질문을 던져서 화제를 전환한다. 말 잘한다, 말 센스가 좋다는 사람들은 사실 매일

화젯거리를 찾아 모으고 기록한다. 그런 노력을 기울여야 상황에 맞는 적절한 화제를 그때그때 던질 수 있는 것이다. 준비되어 있어야 위기가 닥쳤을 때 당황하지 않는다.

『천일야화』 또는 『아라비안나이트』로 알려진 이야기는 천 하룻밤 동안 세헤라자데가 샤리아 왕에게 들려준 이야기이다. 왕비의 배신으로 세상의 모든 여성을 증오하여 매일 밤 처녀와 잠자리를 하고 날이 밝으면 그 처녀를 죽였다. 세헤라자데는 죽음을 면하기 위해서 왕에게 매일 밤 재미있는 이야기를 들려준다. 천일야화에는 우리가 익히 아는 〈신밧드의 모험〉, 〈알라딘〉, 〈알리바바와 40인의 도적〉 같은 이야기가 포함된다. 왕은 그녀의 재미있는 이야기에 빠져, 그녀의 이야기가 듣고 싶어서 세헤라자데를 죽이지 못한다. 그녀를 죽이면 다음 이야기를 들을 수 없고 지금껏 들은 이야기의 결말을 알 수 없기 때문이다.

영리한 세헤라자데는 일부러 왕이 다음 이야기를 궁금해하도록 이야기를 끝맺지 않고 멈추었다. 천일은 짧다면 짧고 길다면 긴 시간인데 그 시간 동안 어떻게든 살아남기 위해 세헤라자데는 버텨야 했다. 그녀는 오늘날로 치면 스토리텔링에 아주 뛰어난 재주를 가진 사람이 분명하다. 아마도 그녀는 박학다식했었나 보다. 살기 위해 끊임없이 이야깃거리를 만들어야 했는데 대단한 독서광이었을지도 모른다.

누구라도 탐이 나는 이야기보따리를 가지고 있고 흥미진진하게 이야기를 풀어놓을 줄 아는 사람이다. 인기 있고 재미있는 드라마는 꼭 뒷부분을 궁금하게, 적당히 감질나게 해놓고 끝을 낸다. 사람들은 결말이 궁금해서 애를 태우며 다음 시간을 기다리고 결국은 끝까지 정주행하게 된다.

누구를 막론하고 그 사람에게 적합한 화제를 풍부하게 지니고 있었던 사람은 시어도어 루즈벨트(Theodore Roosevelt/26대 미국 대통령)이다. 그를 찾아간 사람들은 그의 박식함에 놀라워했다고 한다. 루즈벨트는 어떻게 그처럼 풍부한 화제를 지닐 수 있었을까? 그가 저술한 책은 무려 38권에 달하는데 미국 역대 대통령 중 가장 많은 책을 저술했다고 한다. 누군가 루즈벨트를 방문하겠다는 연락을 하면 그 전날 방문객이 좋아 할 만한 화제를 준비하기 위해 서적을 뒤적이며 밤새 연구했다고 한다.

상대의 마음을 얻고 호감을 사는 가장 빠른 길은 루즈벨트가 그랬던 것처럼 상대방이 관심 있는 문제를 화제로 삼는 것이다. 취미와 관련된 이야기, 일과 관련된 이야기, 세상을 시끌벅적하게 만드는 이야기, 건강에 관한 이야기, 연애 이야기, 육아 이야기, 돈과 성공에 관한 이야기 등 무조건 상대가 관심 있고 좋아할 만한 이야기를 약속 전날에 미리 생각해두면 된다.

대화도 기술이다. 기술이기 때문에 연습하고 노력하면 말재주가 는다.

인간관계에서 중요한 것은 소통이고 나만 관심 있는 주제는 상대의 공감을 얻지 못한다. 말재주가 특별히 뛰어나다고 해서 공감이 저절로 생기지 않는다. 말 센스, 말의 감각이 있는 사람이 정말 말재주가 있는 사람이다. 그런 사람은 분위기 파악을 할 줄 알고 상황에 맞는 적절한 화제를 던질 줄 안다. 특별히 말을 많이 하지 않아도 타이밍에 적절하게 맞춰 꺼내는 한마디는 먼지 폴폴 날리는 자갈밭에 시원하게 내리는 이슬비 같다.

타이밍에 맞게 적절하게 건네는 사려 깊은 말(인사)은 좋은 일이 있을 때 전하는 축하의 인사말과 안 좋은 일이 있을 때 전하는 위로의 말이 있다. 특히 병환이나 사고로 고생하는 사람에게 전하는 위로의 말은 희망을 품게 한다. 축하의 인사로 건네는 말은 실수해도 그냥 넘어갈 수 있지만, 위로의 말을 전할 때는 상대의 마음을 건드리지 않도록 말 한마디에도 신경을 써야 한다.

"좀 어떠십니까? (좀 어떻습니까?)", "얼마나 고생이 많으십니까? 빨리 쾌유하셔서 건강한 모습으로 뵙길 빌겠습니다."가 좋고, 불의의 사고일 때는 "불행 중 다행입니다.", "얼마나 놀라셨습니까? 이만하시기 참 다행입니다." 등처럼 말한다. 문병할 때는 환자에게 불필요한 말을 건네거나 민감한 사항을 꼬치꼬치 캐묻는 것은 예의에 어긋난다. 아플 때는 마음이 약해지고 신경이 날카로운 상태이기 때문에 평소보다 사려 깊은 언행이나 인사말을 하는 게 중요하다. 아픈 사람이 궁금해할 만한 일 가운데 밝은 것을 화제로 삼아 조용히 이야기하는 것이 좋다.

나는 2019년도에 유방암 진단을 받고 서울아산병원에서 수술을 받았다. 불행 중 다행으로 초기였고 현재까지 건강하게 잘 지내고 있다. 당시에는 내가 '암'이라는 사실에 하늘이 무너져 내리는 것 같았다. 나에게는 아직 어린 두 아이가 있다. 만약의 경우 '엄마의 손길이 한창 필요한 아이들'을 어떻게 해야 할지 그것부터 걱정이 되었다.

이 소식은 내가 출석하고 있는 교회에 전해졌고 많은 사람이 걱정과 위로의 뜻을 전해왔다. 내가 상혁이 엄마를 말없이 안아주었던 것처럼 그들도 나를 따뜻하게 안아주거나 토닥여주었다. 하지만 한 여자 성도가 아무런 생각 없이 건넨 말을 듣고 나는 기분이 몹시 상하였다. 그녀의 가족 중 한 사람이 암과 투병 중이었다.

그녀는 호들갑을 떨며 나에게 그녀의 가족이 암 투병 중 겪었던 온갖 고생담을 늘어놓기 시작했다. 항암과 방사선 치료 과정에서 올 수 있는 부작용과 힘듦은 그녀가 굳이 설명하지 않아도 잘 알고 있었다. 매 맞기를 기다리는 사람처럼 불안하고 초조한 내가 아무렇지 않게 그 이야기를 듣고 있기가 거북했다. 얼마나 아플지, 얼마나 힘들지, 어떤 부작용을 겪게 되는지 그런 건 정말 듣고 싶지 않았다. 아무래도 그 말은 적절한 화제는 아니었다. 나는 참다가 화가 나서 눈치 없는 그녀에게 쏘아붙였다.

"○○엄마, 그런 건 궁금하지 않으니까 더 얘기하지 마. 어차피 병원 가면 듣게 될 말이야. 그런 말은 위로가 아니야. 겁만 주는 거지."

"눈치가 발바닥이다."라는 속담은 눈치가 몹시 무디거나 없는 경우를 비유적으로 이르는 말이다. "눈치가 빠르면 절에 가도 새우젓을 얻어 먹는다."라는 말이 있는데 눈치가 있으면 어디를 가도 군색한 일이 없다는 말이다.

어디 가서 '눈치 없는 사람'이라는 소리는 듣고 싶지 않다면 '말'을 함에 있어 먼저 분위기 파악을 하고 상황에 맞는 적절한 화제를 던질 줄 알아야 한다.

맞장구를 치고 온몸으로 대화하라

대화는 감정의 교류이며 감정은 몸이나 얼굴로 표현된다. 말을 좀 못해도 내 이야기에 관심을 보이며 들어주는 사람이 있으면 이야기하는 것이 즐겁다. 그런데 거기에 맞장구를 치며 반응을 보여주는 사람이 있으면 나는 더 신이 나서 이야기를 하게 된다. 듣기를 잘하는 사람들은 그냥 이야기만 듣는 것이 아니라 중간중간 고개를 끄덕이고 "아, 그렇구나.", "아이쿠.", "와~.", "맞아." 같은 짧은 감탄사나 반응을 잘해준다.

맞장구를 치며 이야기를 들으면 지루한 이야기라도 훨씬 대화에 집중할 수 있고 그 시간이 생각보다 빨리 지난다. 간단하지만 대화가 아주 유쾌해지는 힘을 갖고 있다. 그냥 듣기만 하면 지루하고 다른 생각을 하게 되고 이야기하는 사람도 흥이 안 나고 기운이 빠진다.

　교회에서 설교시간을 생각해보자. 목사님이 설교할 때 공감이 되거나 감동이 되면 성도들은 "아멘"으로 화답한다. "아멘"은 기도나 찬송, 설교 중 그 내용에 동의하거나 그것이 이루어지기를 바란다는 뜻으로 하는 말이다. 일종의 추임새와 같은데 "아멘" 소리가 큰 교회는 활력이 넘친다. 목사님이 열심히 말씀을 전하는데 듣는 성도들의 반응이 전혀 없다면 목사님도 힘이 빠지고 설교할 맛이 나지 않을 것이다.

　듣는 성도들도 설교가 지루해지면 시작과 동시에 머릿속으로 딴생각을 하고 꾸벅꾸벅 졸거나 속으로는 '언제 끝나지?' 하고 시계만 쳐다본다. 그렇게 대화에 집중하지 않고 있다가 내용과 흐름을 놓치고 엉뚱한 곳에서 "아멘" 하면 둘 중 하나이다. 의도하진 않았지만, 웃음바다가 되거나 안 그래도 썰렁한 분위기에 찬물을 끼얹었거나.

　국악 판소리에서 소리의 중간에 곁들이는 탄성을 추임새라고 하는데 '위로 끌어 올리다.' 또는 '실제보다 높여 칭찬하다.'라는 뜻이다. 보통 "얼씨구", "얼씨구야", "얼쑤", "으이", "허이", "좋다", "잘한다", "그러지" 등이 있다. 추임새는 판소리 광대 외 고수와 관중이 하는 주요 공연 행위이기도 하다. 공연 사이사이 시간이 빈 곳을 감탄사로 적절하게 채워나가는 공연 행위로 판소리를 훨씬 맛깔나게 한다.

해외 유명 뮤지션들이 별 기대 없이 우리나라를 찾았다가 한 번의 공연으로 크게 감동을 해 꼭 다시 찾고 싶은 나라로 손꼽는다고 한다. 한국인의 '떼창'은 단연코 세계 으뜸이다. 노래 가사를 따라 부르는 건 기본이고 속사포처럼 쏟아지는 힙합의 랩까지 완벽하게 따라 한다. 까칠하기로 소문난 힙합 아티스트 에미넴의 내한 공연 일화이다. 한국 관중들의 열광적인 반응과 떼창에 놀라 이렇게 말하고 머리 위로 하트를 그려 보였다고 한다.

"코리아, 날 떠나고 싶지 않게 하는군요."

반면 일본 공연 당시 너무 조용하고 반응이 없는 일본 팬들에게는 이렇게 말해 한국과 대조되는 반응을 보여주었다고 한다.

"제발 너희 자신을 위해서라도 소리를 지르라."

가수가 무대에서 열창하는데 객석에서 아무 반응도 없고 박수 소리 하나 없이 고요하다면 그 공연이 얼마나 썰렁하고 재미없는 공연이 되겠는가.

연기를 잘하는 사람은 '리액션(reaction)'에 능하다. '반응, 반작용' 또는 '반응 능력'을 말하는 리액션은 상대방의 액션에 대한 반응이다. 우리의 대화에도 리액션이 꼭 필요하다. 누군가를 만나서 대화를 할 때 만나는 목적이 있다. 할 말도 없는데 만나서 그냥 조용히 있다가 오는 경우는 거의 없다. 어떤 목적이나 문제 해결을 위한 만남이라면 더욱 상대의 말에 고개를 끄덕이는 리액션은 필수다.

이야기하는 사람은 신이 나서 나도 모르게 마음속에 있는 것을 자연스럽게 꺼내놓는다. 이야기를 듣는 것인지 안 듣는 것인지, 동의하는지 안 하는지, 재미있는지 지루한지 하다못해 어떤 표정 하나도 없다면 벽에다 대고 이야기하는 것과 같다. 대화는 누군가와 소통하는 것이다. 상대방으로부터 공감을 얻어내고 싶다면 상대가 하는 말에 적극적으로 리액션을 할 수 있어야 한다.

내가 이야기에 집중하고 있다는 표현이기 때문이다. 어려운 것도 아니다. 상대가 하는 말에 고개를 끄덕여주고 마지막 말을 한 번 더 반복해주는 것만으로 내가 이야기에 집중하고 있고 공감하고 있다는 생각을 한다. 어느 날 당신의 친구가 찾아왔다.

"결혼과 육아로 경단녀가 돼서 몇 년을 보냈어. 이제 아이들이 커서 다시 일하고 싶은데 자격증을 따면 취업에 도움이 되겠지?"

(리액션) "그럼 도움이 되지."

"내가 할 수 있을까?"

(리액션) "그럼 할 수 있고 말고."

친구에게 굳이 여러 말로 장황하게 대답할 필요는 없다. 정답은 이미 친구가 갖고 있으므로 마지막 말을 한 번 더 반복하고 긍정적인 피드백을 주는 것으로 공감지수는 자연스럽게 올라간다.

서로 주고받는 말을 대화라고 생각할 수 있다. 그러나 공감지수를 끌어올리는 신체 언어가 빠진다면 제대로 된 대화라고 할 수 없다. 대화에는 반드시 상호작용이 있어야 한다. 의미와 감정을 주고받는 4가지 신체 언어는 다음과 같다.

눈을 본다 → 미소를 짓는다 → 고개를 끄덕인다 → 맞장구를 친다.

'눈으로 말한다.'라는 말이 있듯이 대화의 분위기를 부드럽게 하는 첫 번째는 상대의 눈을 바라보는 것이다. 간혹 대화할 때 눈을 마주치지 않고 바닥만 바라보며 이야기하는 사람, 눈동자가 바라볼 곳을 정하지 못하고 헤매는 사람이 있다. 눈과 눈이 마주쳐야 내 마음이 상대방에게 전달된다.

'눈이 맞다.'라는 표현이 있다. 그것은 두 사람의 마음이나 눈치가 서로 통한다는 뜻이다. 그리고 '눈 맞춤'은 자신을 바라보는 상대방과 눈을 맞추는 행위로 사회적 상호작용의 가장 기초적인 단계이다. 그렇다고 너무 눈을 뚫어져라 바라보면 상대에 따라 수줍어하거나, 부담을 느낄 수 있으니 1~2초 정도 가볍게 눈을 맞추는 것이 좋다.

진실한 미소는 우리의 감정을 상대에게 전달한다. 이야기를 들으면서 자연스럽게 미소를 머금으면 분위기는 편안해지고 대화 능력이 업그레이드된다. 시종일관 무뚝뚝하고 무표정한 사람과 대화를 오래 나누고 싶은 사람은 없을 것이다. 미소는 상대방에 대한 아름다운 배려이다. 소리 없이 방긋 웃는 것만으로 호의를 베풀 수 있고 친절한 사람이라는 인상을 심어준다. 미소는 우리의 건강에도 긍정적인 영향을 미친다. 미소를 짓기만 해도 뇌하수체는 엔도르핀 즉 우리의 기분을 좋게 만드는 화학물질을 뇌에서 분비시킨다. 따뜻한 미소는 좌절감이나 어려운 문제들에 훨씬 더 유연하게 대처할 능력을 키워줄 것이다.

사람은 온몸으로 정보를 발산한다. 몸짓언어는 아주 편리한 언어이기도 하다. 고개를 끄덕이는 것은 당신의 이야기를 제대로 듣고 있다는 표현이다. 상대방은 당신과 더 많은 대화를 나누고 싶어 할 것이며 감정을 공유하고 있다는 느낌을 받아 친밀감을 느낄 것이다. 다른 사람에 관한 관심이 적을수록 고개를 잘 끄덕이지 못한다.

본인이 하고 싶은 말만 늘어놓고 상대가 이야기하는 도중에 자꾸 끼어들어 말을 끊게 한다. 상대방의 이야기를 들으면서 고개를 끄덕이는 것은 '당신의 이야기에 동의한다.'라는 의미이기도 하고 너와 나는 '적'이 아니라 '한편'이라는 감정을 느끼게 해줄 것이다.

온몸으로 대화하는 신체적 대화법이 필수이다. 맞장구를 치며 이야기를 들으면 대화에 집중이 잘되고 딴생각을 해서 대화의 흐름을 놓치는 일은 생기지 않는다. 맞장구를 치는 것은 상대의 말에 내가 온통 주의를 기울이고 있다는 표현이다. 특별한 요령은 필요 없다. 이야기하는 상대방을 바라보고 이따금 미소를 짓고 고개를 끄덕끄덕하며 "그래 맞아", "그랬구나", "그렇구나" 등 상대방의 이야기에 동의하는 의사를 나타내는 말을 사용하면 된다. 당신의 말을 잘 들어주는 누군가가 옆에 있다면 그 사람에 대해 당신은 어떤 느낌을 받는가 생각해보자.

그 사람으로 인해 내가 중요한 존재이며 인정받고 존중받는다는 느낌을 받게 된다. 오해와 실수, 갈등과 상처는 남의 말을 제대로 듣지 않는 불통에서 오는 경우가 대부분이다. 주의할 것은 이야기의 흐름에 맞게 하는 것이다. 성의 없는 응답은 오히려 상대방에게 거부감만 느끼게 해준다. "그래서", "그래, 알았어", "어쩌라구" 등의 응답은 상대방으로 하여금 대화를 지속할 의욕을 잃게 한다. 맞장구는 상대의 이야기를 집중해서 잘 들으면 내가 어떤 감정을 느껴 저절로 나오는 반응이다. 몸이 반응하는 방식은 감정의 중요한 면으로 그 감정이 바로 '공감'이다.

04
—

상대방은 내 감정이 반사되는 거울이다

거의 마흔 가까이 30대 후반에 엄마가 되었다. 친구들과 비교하면 5년에서 10년 정도가 늦었다. 아이는 축복이고 기쁨이었지만 마음을 단단히 먹었는데도 닥쳐보니 현실은 녹록지 않았다. '엄마 되기'도 어려웠지만 '육아'는 두 배, 세 배로 힘들었다. 엄마가 된다는 것은 경이로운 기적이다. 그런데 놀랍고 신기한 것은 잠깐이고 육아라는 힘든 현실과 마주하게 된다.

아직 산후 회복이 되지도 않은 몸으로 24시간 아이를 돌봐야 한다는 것은 여간 힘든 일이 아니다. 더구나 노산은 젊은 엄마들과 비교하여 체력적으로도 배는 힘들다.

초보 엄마의 고됨은 심신이 지친 것에서 끝나지 않는다. 생활 방식이 완전히 달라지고 앞으로 몇 년 동안 계속될지 모를 미래를 생각하면 답답하기만 하다. 나는 남편의 말대로 유독 나만 까다롭고 예민하게 구는 것이 아닐까 하고 생각해보았다. 출산 후 85%에 달하는 여성들이 일시적으로 우울감을 경험한다고 한다. 그것은 까다롭고 예민한 탓이 아니라 누구나 겪을 수 있는 자연스러운 것이었다. 산후 우울감을 극복하기 위해선 엄마가 느끼는 스트레스에 대해 솔직하게 이야기하고 감정을 나누어야 한다.

남편들이 아내의 감정을 수용하고 공감해주지 않으면 결국 그 산후 우울감은 우울과 짜증, 눈물과 불안이 되어 아이에게 그대로 전해진다. 엄마의 멘탈이 건강해야 아이도 행복하고 건강한 아이로 자란다. 처음 하는 일이 힘들고 어렵듯이 처음부터 능숙한 엄마는 이 세상에 없다. 나이만 먹었지 처음 해보는 '엄마 노릇'이라 아이를 어떻게 키워야 하는지, 어떻게 하면 잘 키울 수 있을지 짬짬이 육아서적을 읽고 아이가 자는 동안 밀린 집안일을 하였다.

남편이 회사에서 돌아오기만 기다리며 '남편이 오면 나도 좀 쉬어야지.' 생각하고 있는데 퇴근 시간 즈음에 카톡으로 달랑 문자 하나가 들어왔다. '오늘 늦어. 저녁 먹고 들어갈게.' 알다시피 밥만 먹는 저녁은 아니었다. 남편의 저녁이란 사무실의 직원들과 게임을 하고 밥을 먹고 음주를 곁들이는 것이었다.

남편이 밖에서 스트레스를 풀고 직원들과 친목 도모를 하는 동안 나는 점점 파김치가 되어갔다. 지금 생각해봐도 눈치코치 없는 남편은 새벽 2~3시가 되어서야 집으로 돌아왔다. 너무 힘이 드니까 우선 원망의 화살이 남편에게 날아가고 거칠어지는 것인데 아프다고 소리칠 때마다 똑같이 '한 성질'을 부렸다.

나를 투명인간 취급하는 남편의 태도에 분노했다. 날마다 벽에다 대고 이야기하는 기분이 들었다. 남편에게 육아 스트레스를 호소할 때마다 "다른 여자들은 일하면서 애 키우고 살림도 해. 힘들어? 내가 더 힘들어. 애 하나 키우면서 뭘 그렇게 힘들다고 유난을 떨어."라며 비아냥거렸다.

연애 시절 '비타민' 같던 남편은 따뜻한 말 한마디를 건넬 줄 몰랐고 점점 나와 상관없는 사람처럼 느껴지며 발뒤꿈치만 보아도 짜증이 났다. '힘들다', '도와달라'고 해보았지만 나를 투정이나 부리는 철없는 아이 취급을 하니 어느 날부터 소통이 안 되는 남편에게 아예 입을 닫아버렸다.

남편은 남편대로 그런 나에게 짜증을 냈다. 한술 더 떠 시시콜콜한 것까지 트집을 잡으면 정말 분노 게이지 상승이었다. 아이를 사랑하고 안 사랑하고의 문제가 아닌데도 어느 순간부터 나는 나쁜 엄마, 못난 엄마인 거 같은 생각이 들었고 현실에서 도망치고 싶은 마음이 든다는 것에 대하여 죄책감을 느꼈다. 가사와 육아 문제로 우리 부부도 오랜 기간 갈등을 겪었다.

아내이든 남편이든 어느 한쪽에게 일방적으로 희생을 강요하면 어느 문제든 쉽게 해결되지 않는다. 가족이라는 작은 사회도 서로 존중하고 협력해야 한다. 가정불화는 감정 불화이다. 부부의 연을 맺은 사람들끼리 감정의 교류가 되지 않으면 부부생활을 이어가기 어려워진다.

남편은 나의 부족함과 단점만을 콕콕 집어 들추어내어 적나라하게 비추는 반쪽짜리 거울이었고 우리 부부는 아이의 거울이었다. 아이의 모습에서 우리 부부의 적나라한 모습이 그대로 흘러나왔다. 나는 우울감이 감기처럼 쉽게 왔다가 어느 순간에 탁! 하고 저절로 사라질 줄 알았다. 그것은 누구에게나 찾아올 수도 있지만, 의지만으로 극복하기가 쉽지 않다. 절대 혼자 애쓰지 말고 주변에 적극적으로 알려서 도움을 받아야 한다.

내가 수술을 하던 해에 아이가 모 대학 병원 정신건강의학과에서 투렛장애, 불안장애, 과활동성 주의력 결핍 장애 의증(ADHD) 진단을 받았다. 1년 가까이 일주일에 한 번씩 심리상담센터에서 상담 치료를 받았다. 그곳은 '모래 놀이 심리치료'를 하는 곳이었다. 가정불화는 남편과 나, 아이까지 모두를 힘들게 했고 최대 피해자는 당연히 아이였다.

'욕하면서 닮아간다.'더니 그땐 우리가 서로의 거울이며 아이의 거울이라는 생각을 미처 하지 못했다. 인기 강사인 '김창옥'님의 말에 의하면 한국 남자들이 제일 잘하는 건 '일'이고 제일 못하는 건 '누군가를 위로하거나 격려하는 것'이라고 한다. 그 사람이 나빠서가 아니라 자신의 부모가 상대방의 감정을 수용하고 받아들이는 모습을 본 적이 없기 때문이라고 한다.

이 세상에는 75억 인구가 살고 있지만 나와 똑같은 얼굴을 한 사람은 단 한 명도 없다. 일란성 쌍둥이조차 비슷하기는 하나 완전히 똑같지는 않다. 서로 주어진 달란트가 다르고 성격과 개성이 다른데 그걸 억지로 끼워 맞추려고 했으니 자꾸만 마찰이 생기는 것이었다. 애초부터 같을 수가 없는데 비교할 수 없는 것을 비교하면서 다름을 인정하지 않았다. 내가 힘들었던 만큼 남편도 힘들었을 것이다. 서로를 이해하지 못해서 가장 힘들었던 시절, 다른 너를 무조건 내 기준에 맞추려고 애를 쓰며 서로가 온 힘을 다해 고통을 각자 견디고 있었다.

'나'는 '나'로서 현재에 존재하며 과거나 미래에 존재하지 않는다. 그런데 신기한 것이 있다. 얼굴 생김새만큼이나 가치관, 성격, 개성, 취미가 각자 다른데 같이 있으면 본인도 모르게 서로를 닮아간다. 오래된 연인이나 가족을 보면 어떤 식으로든 장점이나 단점을 서로가 닮아간다. 같이 생활하고 자주 어울리다 보면 본인도 모르게 서로의 생각, 말투, 표정, 음식 취향, 목소리, 행동 등을 따라 하게 되고 닮아간다.

교실에서 누군가 하품을 하면 주변 사람들에게 전염되어 하나둘 하품을 하기 시작한다. 상대방과 대화를 하다가 내가 자세를 바꾸면 상대방도 똑같이 자세를 바꾼다. 드라마나 영화를 보다가 슬픈 장면이 나오면 따라서 운다. 상대방이 미소를 지으면 나도 따라서 미소를 짓는다. 다른 사람의 행동을 보기만 했는데 왜 나는 똑같이 그 행동을 따라 하고 있을까?

바로 우리의 뇌 속에 자리하고 있는 거울 뉴런(Mirror neuon) 때문이다. 이것은 다른 사람의 행동을 거울처럼 반영한다. 거울 뉴런은 타인을 모방하고 공감하는 신경세포이다. 특정 움직임을 행할 때나 다른 개체의 특정 움직임을 관찰할 때 활성화된다. 1990년대 이탈리아의 파르마 대학(University of parma)의 신경생리학자인 자코모 리졸라티(Giacomo Rizzolatti)와 그의 동료들에 의해 최초로 발견되었다.

"모든 사람은 다른 사람의 거울이고, 그들의 모습의 모습을 반영한다." 이를 '미러링효과(mirroring effect)'라고 한다. '거울 효과'라고도 하는데 상대방의 행동을 은연중에 따라 하는 행위이다. 타인은 나의 거울이다.

나 스스로 자신을 아는 것이 아니라 타인이 존재함으로 알 수 있다. 심리학에서 '미러 이미지 효과'는 내가 가진 생각이 거울에 반사가 되어 나에게 그대로 돌아온다는 것이다.

거울은 내 모습뿐만 아니라 표정과 감정까지 반사한다. 내가 상대를 좋아하면 상대도 그렇게 생각하고 싫어하면 상대도 나를 싫어하는 것이다. 내가 짜증을 내면 상대도 짜증을 낸다. 내가 먼저 웃어야 상대도 웃는다. 사람의 행동뿐만 아니라 사람의 마음은 신기하게도 전염된다.

남편이라는 거울에 비친 내 모습은 백설 공주의 계모 마녀처럼 한없이 절망적이었다. '백설 공주의 거울'은 선의의 거짓말이라도 해주면 좋으련만 항상 계모 마녀의 심기를 불편하게 해서 백설 공주를 위험에 빠뜨렸다. 다행스럽게도 자동차 백미러를 보면 '보이는 거리는 실제와 다를 수 있음'이라는 문구가 있다. 보이는 그 모습이 전부가 아닐 수 있다. 과장되거나 축소되어 보일 수 있고 그 거울이 왜곡되거나 혹은 깨진 거울이어서 내 모습을 잘못 비추는 것일 수도 있다.

사실은 계모 마녀도 충분히 아름다운 사람이었다. 계모 마녀가 자신의 모습을 보지 못하고 거울만 지나치게 의지하다 보니 충족되지 않은 기대와 욕구로 좌절감과 분노를 느꼈을 것이다. 불만족스러운 마음으로 거울을 바라볼 때 내 모습이 만족스럽지 못했다. "거울은 먼저 웃지 않는다."
라고 하였다. 내가 먼저 바뀌면 거울인 상대방도 바뀐다. 그런대로 괜찮
다고 생각하고 바라보니 나는 꽤 괜찮은 사람이고 괜찮은 엄마이다.

05

상대에게 '나는 특별한 사람'이라는 생각이 들게 하라

특별하다는 것은 보통과는 구별되게 다르다는 것이다. 특별한 것의 반대는 일반적이거나 보통이다. 일반적이라는 것은 뛰어나지도 열등하지도 않은 중간 정도를 말한다. 성경 요한계시록에는 아시아의 일곱 교회에 보내는 말씀이 있는데 역사적 상황을 반영해 기록된 실제 편지다. 그중 3장 14~22절 말씀은 물질적으로는 부유하나 미지근하여 영적 자만에 빠진 영적 빈곤의 교회인 라오디게아 교회에 보내는 말씀이다.

15 "내가 네 행위를 아노니 네가 차지도 아니하고 뜨겁지도 아니하도다. 네가 차든지 뜨겁든지 하기를 원하노라"

16 "네가 이같이 미지근하여 뜨겁지도 아니하고 차지도 아니하니 내 입에서 너를 토하여 버리리라"

이것은 교인(신자)들에 대하여 물에 빗대어 비유적으로 표현한 말씀이다. 당시 라오디게아 지역 근처 히에라볼리(사도 빌립의 유적지)에는 약효가 뛰어난 것으로 유명한 온천이 있었고 골로새에는 냉천이 있었다. 라오디게아는 근처의 샘에서 끌어온 물을 사용하는 부유한 도시였다. 이렇게 끌어온 물은 온천수는 치료용으로, 찬물은 식수로 사용했는데 이 둘을 섞은 미지근한 물은 치료용이든 식수든 사용하기 적합하지 않아서 마시는 순간 토해낼 수밖에 없었다.

문자 그대로만 가져와 사용하면 온천수와 식수는 특별한 물(사람)이다. 특별하다는 것은 평범하지 않고 그 사람만의 개성이 있고 다른 사람과 구별되는 고유의 특성이 있다. 많은 사람에게 이름을 알리기보다 나에게 의미가 되고 한 사람에게 소중한 존재인 사람은 특별하다. 누군가에게 특별하게 보인다는 것은 내 마음이 움직이고 특별하게 보이도록 작동하는 것이므로 전체보다 일대일의 관계에서 더 잘 느껴진다.

나에게는 한동네에서 나고 자란 죽마고우가 있다. 지금도 같은 동네, 같은 아파트에서 사는 친구는 같은 초등학교와 중학교를 거쳐 각자 다른 고등학교에 진학했다. 친구는 고등학교를 졸업하고 곧바로 사회생활을 시작하였고 나는 집을 떠나 대학을 다녔다. 그러는 사이 연락도 뜸하게 되고 각자의 관심에서 멀어져 어느 순간 서로가 잊힌 적도 있다.

나는 친구들과 비교하여 한참 늦은 30대 후반에 첫 아이를 낳았다. 친구들의 아이들이 초등학교에 입학하고 학부모가 될 때 두 번째 시험관 시술의 성공으로 나는 비로소 엄마가 되었다. 안정이 필요해 잠깐 병원에 입원 중일 때 뜻밖에 친구가 병원을 찾아왔다. 오래 떨어져 있어서 어색할 줄 알았는데 어제 만났던 친구처럼 편안했고 친구는 자신에게 일어난 일처럼 기뻐해주었다.

우리는 이런저런 이야기를 많이 나누었는데 대화가 너무 잘 통했고 무엇보다 걱정하는 나에게 '좋은 엄마'가 될 거라며 격려하고 응원해주었다. 부정적인 피드백만 주고받았다면 아마 우리 사이는 지금처럼 둘도 없는 죽마고우로 남지 못했을 것이다. 친구는 계속해서 꿈과 희망을 전해주고 밝은 기운을 전해주었다. 그동안 내가 가졌던 친구에 대한 편견이 깨지고 새롭게 바라보는 계기가 되었다. 만날 때마다 좋은 피드백을 얻게 되니 기분 좋은 사람, 특별한 사람, 특별한 친구로 여겨졌다.

친구는 만나는 사람마다 좋은 사람이란 걸 금방 느낄 수 있게 한다. 물에 비유한다면 온천수와 같은 사람이다. 자신의 가치를 알고 자기 확신이 있는 사람이다. 말할 때 표정이나 태도를 보면 누굴 만나든 당당하지만 교만하지 않고 겸손하다. 내가 사는 지역에서 제법 유명한 피부과에서 수년째 일하고 있는데 친구는 쌓인 경력만큼이나 실력도 뛰어나서 능력을 인정받고 있다. 상대방을 배려하고 상대가 무엇을 원하는지, 무엇을 필요로 하는지를 바로 알아차리고 같이 걱정을 하고 도움을 주려고 항상 노력한다.

누군가에게 꿈과 희망을 전해주는 행복한 사람은 마음을 움직인다. 남과 달라야 성공하고 이것도 저것도 아닌 미지근한 사람이 아니어야 토해내지 않는 특별한 사람이 되는 것이다.

큰아이 학원에 데려다주는 길에 무심코 물어보았다. "시온이는 어떤 사람이 특별해? 특별한 사람이 어떤 사람인 것 같아?" 하고 물었다. 특별하다는 뜻이나 알까 싶어 별 기대를 하지 않았는데 듣자마자 똑 부러지게 자기의 생각을 말하는 아이가 기특하기만 하였다.

"응, 엄마 나는 아플 때 도와주고 힘들 때 도와주는 사람이 특별해."

듣고 보니 그 말이 옳다는 생각이 들었다. 특별한 의미로 다가오는 사람. 내가 힘들고 어려울 때 내 곁을 지키고 내가 도움이 필요할 때 손을 내밀고 위로하고 격려하는 따뜻한 사람이다. 아마도 친구 같은 사람이 아닐까 싶다. 친구는 가까이서 오래 지내오며 서로가 마음을 주고받는 사람이다. 가깝다는 것은 물리적 거리가 아니라 마음의 거리이다. 비록 멀리 떨어져 있어서 자주 만나지 못하더라도 살뜰히 안부를 챙기고 언제 만나도 편하고 바로 어제 본 것처럼 편안한 사이다.

탈무드에는 세 친구 이야기가 나온다. 야곱에게는 세 명의 친구가 있었다. 벤야민은 가장 친해서 매일 보고 싶을 정도였고 시몬은 가끔 만나지만 서로 아끼는 사이였다. 그리고 이삭은 벤야민과 시몬처럼 그렇게 친한 친구는 아니었다. 어느 날 야곱은 임금님의 부름을 받고 두려운 마음이 들어 가장 친한 친구인 벤야민에게 궁궐로 같이 가자는 부탁을 했다.

그러나 벤야민은 자기에게 안 좋은 일이 생길까 봐 거절했다. '정작 필요할 때 모른 척하다니 돈 같은 친구로군. 돈이 아무리 많아도 죽으면 한 푼도 가져가지 못하니까.' 실망한 야곱은 시몬을 찾아갔지만, 핑계를 대면서 궁궐 앞까지만 같이 가 주겠다고 했다. '시몬은 친척 같은 친구였군. 내가 죽으면 친척들은 무덤까지만 따라올 테니까.' 실망한 야곱은 별 기대 없이 이삭을 찾아갔는데 의외로 야곱의 기운을 북돋아주며 어려운 일이 생기면 기꺼이 도와주겠다고 하였다. '이삭이 참된 친구였다니.'

살면서 진정한 친구 3명을 만들 수 있다면 성공한 인생이라고 하는데 세 명의 친구마저도 어려운 일이 생겼을 때 태도가 각각 달랐다. 평소에는 별로 눈에 띄지 않고 관심도 없었던 사람인데 어려운 일이 생겼을 때 적극적으로 도움의 손길을 내밀고 위로하고 격려하는 사람이 옆에 있다면 그 사람이 얼마나 새롭고 특별하게 보이겠는가?

나의 마음을 헤아리고 어제 본 것처럼 어색하지 않은 사람, 내가 어려움에 빠졌을 때도 나를 믿고 격려하고 응원하는 그런 친구 같은 사람은 어쩔 수 없이 특별한 사람으로 성큼 다가온다. 상대가 필요로 하는 것이 무엇인지를 알고 필요할 때 원하는 것을 내밀 수 있는 사람은 인간관계에서나 비즈니스에서 결국은 큰 이익을 얻게 된다.

자신의 관심이나 업무와 직접적인 관련이 없어도 상대의 말에 귀를 기울이고 무엇을 원하는지, 무엇이 부족한지를 파악하고 있는 사람은 언젠가 큰 기회를 잡게 된다. "전에 이런 일로 곤란하다고 하셨지요? 사실은 제가 평소에 관심이 있었는데 이런 좋은 정보가 있어서 말씀드립니다. 진심으로 도움이 되었으면 좋겠네요." 하고 상대가 관심 있는 정보를 전달해보자.

평상시라면 별 기대감 없는 많은 사람 중 하나일 텐데 상대가 필요로 하는 이야기와 정보를 제공하는 순간 당신은 갑자기 특별한 사람이 되는 것이다. 설사 이익을 바라거나 어떤 보상을 기대하지 않고 순수한 마음으로 한 일이라 할지라도 곤란한 상황에 빠진 사람에게 도움을 건네는데 복을 받는 것은 당연하다. 특별한 사람은 나의 가치를 알고 상대의 가치를 알아보는 사람이다. 우린 우리의 최고의 모습을 원하고 응원하는 사람들과 어울려야 한다.

"좋은 사람들과 어울려라. 친구는 제2의 자신이다."

— 아리스토텔레스

그런데 교활한 사람들은 앞에서는 당신을 칭찬하고 듣기 좋은 말을 하지만 뒤에선 어떻게든 당신을 끌어내리려고 한다. 꾀가 많고 음흉한 측면이 있는 교활한 사람들은 좋게 말하면 영리하고 나쁘게 말하면 가식적인 사람으로 같이 있는 사람을 고통스럽게 한다. 이런 사람들은 다른 사람들이 말하는 것은 별로 관심이 없고 무엇보다 당신이 성공하는 것을 원하지 않는다.

장기적으로 이런 사람과 관계를 오래도록 지속하는 것은 당신의 인생에 어떠한 도움도 되지 않는다. 사실 우리는 모두 태어난 순간부터 특별한 사람이다. 그런데 살면서 자꾸 나와 남을 비교하고 나를 낮고 보잘것없는 사람으로 생각하게 된다. 나는 못나고 다른 사람은 잘난 것처럼 느낀다. 하지만 그것은 자신이 만들어낸 허상일 뿐이다. 지구별에 태어나면서 똑같은 사람은 세상 어디에도 없는 나는 이미 특별한 존재이다.

　나를 소중하게 생각하고 아껴주는 사람은 나의 가치를 믿고 함께 미래를 바라보고 꿈이 이루어지는 것도 기다려준다. 나보다 잘난 사람, 나를 무시하는 사람을 좋아하는 사람은 없다. 내가 누군가에게 특별한 사람이 되고 싶다면 내가 생각하는 것과 바라는 것을 상대에게 그대로 하면 된다.

06

말의 속도와 목소리의 크기를 조절하라

사람에 대한 첫인상은 우리가 눈으로 보는 모습에 크게 좌우된다. 성별과 연령, 체격 등의 외모와 행동(동작), 표정, 목소리 등이다. 그중 목소리에는 말의 표정이 담겨 있다. 말이 빠른 사람, 말이 느린 사람, 목소리가 우렁찬 사람, 조곤조곤 속삭이듯 말하는 사람 등 사람마다 목소리는 다양하다. 내 성격이 무의식적으로 행동과 말투에서 나타난다. 목소리만 듣고도 상대가 어떤 사람인지 파악할 수 있다.

내 마음 상태가 그대로 전달되는 목소리는 말을 하는 사람의 인성이 엿보이기도 한다. 상대방이 누구냐에 따라 사용하는 말투가 달라지고 말의 속도와 목소리의 크기도 달라진다. 정확한 정보 전달을 위해 말의 속도와 목소리의 크기는 상대방에게 신뢰를 주거나 잃게도 한다.

○○ 현장 사무실에서 일할 때였다. 소장은 자신보다 직책이 낮은 부하직원에게는 각자 직책이나 이름이 있는데도 자기 편할 대로 '어이'나 '이봐'로 통일해서 목청껏 부르곤 했다. 물건 부르듯이 '어이'로 불려질 때마다 직원들은 기분이 나빴지만, 불만을 표시했다가 어떤 불똥이 튈지 몰라 서로 눈치만 볼 뿐 대놓고 얘기하는 사람은 없었다. 상대방을 높이고 존중하는 일은 맘처럼 쉽지 않다.

사람들과 이야기를 하다 보면 내 의견이 제대로 전달이 안 된 것 같은 순간을 느낄 때가 있다. 상대방에게 내 의견을 정확히 전달하기 위해서 어떻게 말해야 할까? 내 의견이 전달이 안 되었다면 분명 나의 말하는 방식이 잘못되었기 때문이다. 나의 말버릇과 말의 습관을 확인해보길 바란다. 부하직원을 '어이'로 통일해서 불러대던 소장은 언제나 버럭버럭 소리를 질러댔다.

처음 보는 사람이라면 '지금 나와 싸우자는 건가?' 하고 오해하기 딱 좋을 만큼 목소리 톤이 높았다. 거래처 사람들은 그런 소장에게 "나 귀 안 먹었다. 진정하고 천천히 얘기해라."라고 하였다. 건설현장을 책임지고 많은 사람을 통솔해야 하는 위치에 있어 어느 정도의 카리스마는 필요하겠지만 무조건 목소리만 크다고 해서 리더십이 뛰어난 것은 아니다.

논쟁이나 싸움이 벌어졌을 때 유달리 목소리가 큰 사람이 있다. 논리적인 대화를 하기보다 감정에 휩싸여 오히려 손해를 보는 경우가 많다. 소장은 성격이 급해서 쉴새 없이 따발총처럼 떠들어댔다. 건설현장은 안전사고의 위험이 항상 도사리고 있다. 그래서 작업자 간의 정확한 의사소통이 무엇보다 중요하다. 그런데 속사포로 내 할 말만 실컷 하고 나면 상대는 무슨 말인지 도무지 알아듣지 못하고 만약 오해라도 해서 엉뚱한 일을 한다면 돈 낭비, 시간 낭비로 일에 지장만 초래할 수도 있었다.

사람들이 자기의 생각을 이야기할 때, 화가 나거나 기분이 업 되었을 때 속도가 빨라진다. 천천히 할 말을 빨리 말하면 주어진 시간 안에 더 많은 말을 할 수 있다. 아마도 머릿속에 떠오르는 생각이 사라지기 전에 모든 말을 다 해야 한다는 생각 탓에 그런 행동이 나오는 것 같다. 특히 화가 나면 흥분해서 혀가 꼬이고 무슨 말을 하는 건지 앞뒤가 안 맞는 말을 하는 경우가 많다. 생각의 속도와 말의 속도가 다르니 중언부언하게 된다.

상대의 표정은 '하려는 말이 도대체 뭐야?' 이런 표정이고 말을 하는 사람은 고구마 열 개는 먹은 것 같다. 만약 상대를 설득해야 한다면 마음을 가라앉힌 후에 또박또박 말하는 것이 좋다. '빨리빨리' 문화 덕에 인터넷 속도만큼이나 우리에게 '신속함'은 그냥 일상이다. 인터넷에 '한국인의 속도'라는 제목으로 떠도는 사진들이 있는데 우리의 속도에 외국인들이 놀라는 표정이 재미있기도 하다.

우리는 '신속함'에 익숙하다. 밥을 먹는 속도와 말하는 속도를 보면 이 사람의 성격이 급한지 느긋한지를 알 수 있다. 밥을 빨리 먹는 사람을 보면 보통 성격이 급하다. 이런 사람은 속사포처럼 수많은 말을 짧은 시간에 쏟아내고 말을 많이 하다 보니 자신이 무슨 말을 했는지 기억하지 못하기도 한다.

듣는 사람의 관점에서 보면, 말도 많이 하고 빨리 말하는 상대의 말을 한 번에 정확히 이해하고 숙지하기는 어렵다. 평상시 말할 때는 괜찮은데 발표를 한다거나 긴장하면 갑자기 말이 빨라지거나 기어들어가는 목소리로 말하는 사람들이 있다. 말은 나의 의견을 상대에게 전하고 소통하는 것인데 내 말이 상대에게 잘 전달이 되지 않는다면 실패한 대화이다.

흥분해서 빨리 말하다 보면 목소리가 커지고 거칠어져서 감정적으로 흐르기 쉽고 기어들어가는 목소리로 웅얼웅얼하다 보면 자신감도 없고 믿을 만해 보이지 않는다. 당신이 누군가를 설득해야 할 때도 흥분된 마음을 가라앉힌 후에 명확하고 천천히 말하는 것이 좋다. "따발총이야? 말이 너무 빨라서 도대체 무슨 말을 하는지 하나도 못 알아듣겠다."라는 말을 가끔 듣는다면 천천히 말하는 습관을 들여 마음의 평정심을 유지하도록 한다. 그렇지 않으면 오히려 내가 상대의 말에 설득을 당하게 된다.

말 잘하는 사람 하면 흔히 아나운서를 떠올리기 쉽다. 아나운서들도 말을 잘하기 위해 꾸준한 연습 과정을 거친다. 말이 빠른 사람들은 조금 더 여유를 가지고 이야기의 덩어리(어절)를 하나하나 짚어주며 이야기하는 것이 좋다. 어절은 문장론에서 가장 기본적인 형식이 된 문장의 성분으로 말 토막이라고도 하며 띄어쓰기 단위와 일치한다. "나는 밥을 맛있게 먹고 액션 영화를 보았다." 이 문장은 '나는, 밥을, 맛있게, 먹고, 액션, 영화를, 보았다.'가 각각 어절의 대상이 된다. 그러므로 이 문장은 모두 7덩어리 7어절이 되는 것이다.

처음엔 내 호흡에 맞춰 끊어 읽고 연습이 어느 정도 이루어진 다음에 내용에 따라서 끊어 읽는 법도 연습해보기 바란다. 연습할 때 내 목소리를 녹음해서 끊어 읽기 낭독의 전과 후를 비교해보는 것이 도움이 된다. 좋은 목소리를 내는 첫 번째 비결은 '복식호흡'이다. 복식호흡은 가슴 위로 쉬는 얕은 호흡이 아니라 공기를 배로 보내며 깊게 쉬는 심호흡으로 꾸준히 하면 힘 있는 발성을 하게 되고 안정된 음성을 만들 수 있다.

복식호흡은 걷기 운동만큼이나 건강에도 좋다. 다이어트와 뱃살 제거에 도움이 되고 스트레스를 풀어주며 자율신경을 안정시켜준다. 심폐 기능을 향상해주고 면역력 강화에 좋으며 불면증과 우울증 등 불안장애를 치료한다. 복식호흡이 이렇게 좋은데도 꾸준히 하는 사람은 없다. 왜냐하면, 일부러 의식하고 해야 하기 때문이다.

목소리 속도가 느린 사람은 마음이 고요한 상태이고 편안함을 느끼기 쉽다. 성격이 느긋한 사람 중에 목소리 속도가 느린 사람이 많고 집중력이 뛰어나거나 인내심이 강한 사람들이 많다. 우리 선조들은 말을 천천히 하였고 쓸데없이 많이 말하지 않았다. 오히려 말이 많고 시끄럽게 떠들면 경박하고 천하다고 생각하여 말수를 줄였다. 말이 많으면 그만큼 실수하기 때문이다.

말이 빠른 것이 좋지 않은 것처럼 말이 느리다고 여유 있어 보이지도 않는다. 말이 너무 느려서 듣고 있으면 속이 터지는 경우가 있는데 이런 사람들의 성격은 게으르고 느긋한 성격인 경우가 많다. 말이 지나치게 느리고 말 수가 너무 적어도 활력이 없고 무기력해 보이며 자신감이 없어 보인다. 빠르게 말하든 느리게 말하든 각자의 호흡에 맞게 말의 속도를 조절하고 목소리의 크기를 조절해야 한다.

모든 일의 결과는 말에서 비롯된다. "말만 잘하면 자다가도 떡이 생긴다."라는 속담이 있듯이 말 잘하는 방법은 이젠 선택이 아닌 필수가 되었다. 부하직원의 마음을 잘 움직이는 상사가 보이는 공통적인 행동은 바로 '정중한' 말이다. 소리를 지르고 다그치지 않아도 설득력 있는 말과 목소리로 전달할 수 있다. 장황하게 설명을 늘어놓을 필요도 없고 짧고 간결하게 말해도 다 알아듣는다.

루스벨트 대통령은 역사상 전무후무한 3선에 성공하여 1940년 미국 대통령에 당선되었다. 대공황 시대에 실의에 빠진 미국 국민에게 희망을 주고 제2차 세계대전 당시 탁월한 리더십을 보였다. 루스벨트 대통령은 대국민 담화에서 천천히 또박또박 알기 쉽고 듣기 편하게 말하며 전 미국 국민과 장병들의 사기를 북돋아주었다. 급하게 서두르거나 흥분하는 일이 없었다.

당황할수록 여유를 가져야 한다. 유능한 리더는 부하직원에게 무슨 일을 시키거나 충고할 때 천천히 또박또박 말하는 사람이다. 흥분해서 말을 빨리 하다 보면 내용 전달도 안 되고 상대방은 무슨 말인지 못 알아듣는다. 목소리에는 표정이 있다고 하였다. 목소리의 소리를 가꾸고 부드럽게 가다듬으면 신뢰와 믿음이 절로 가는 품격 높은 이미지를 가진 사람으로 업그레이드하는 것이 가능하다.

성우들은 목소리 하나로 다양한 영역을 뛰어넘으며 목소리에 색깔을 입히고 풍부한 음성으로 배역이 살아나게 한다. 목소리만으로 사람들을 웃기고 울리기도 한다. 신뢰받는 목소리를 내기 위해서 안정된 호흡과 정확한 발음이 필수다. 트레이닝 하면 내 목소리의 표정을 아름답게 만들 수 있다.

07

상대를 가르치려고 하지 마라

'듣기 싫은 소리'는 말 그대로 듣기 싫은 소리이다. 은정 씨 남편은 아침부터 저녁까지 아내에게 끊임없이 '잔소리'를 하였다. 특히 공무원으로 직장생활을 하다 정년이 되어 은퇴하고 시골로 귀향을 한 뒤 '잔소리'는 더욱 심해졌다. 상대를 진정으로 생각해서 하는 소리라도 매번 듣다 보면 듣기 싫은 법인데 환갑을 넘긴 아내에게 매번 훈장 선생님처럼 굴었다.

공직 생활 중 그의 별명은 '바른 생활 사나이'였다. 그의 집 거실에는 공무원 생활 중 받은 '모범공무원' 표창장이 자랑스럽게 걸려 있다. 그녀는 청소할 때마다 먼지떨이로 '모범공무원' 표창장을 일부러 탁탁 치며 생각했다. '모범은 무슨. 잔소리 대마왕. 너나 잘해라.' 혹시 부하직원들이 하던 말 아니었을까? 아내에게 그러듯이 부하직원들에게 그랬다면 아마도 회식의 단골 메뉴로 이리저리 씹고 뜯기고 했을 것 같다.

지켜보는 사람이 무안할 정도로 그러니 아내는 가끔 자존심이 상했다. 어른이 아이를 혼내듯이 그러니 언제나 속이 상했고 남편의 은퇴가 전혀 달갑지 않았다. 다른 사람들은 은퇴하면 등산도 가고 여행도 가고 그동안 못 했던 취미생활도 하며 노후를 즐긴다는데 그녀의 남편은 아내에게 딱 붙어서 떨어질 줄을 몰랐다.

그녀의 속을 모르는 마을 사람들은 "아이고 두 분 사이가 참 좋으시네요. 우리 집 양반은 내가 어디 좀 가자고 해도 듣는 둥 마는 둥 하는데." 하고 칭찬하였다. 그런 말을 들을 때면 남편은 기분이 좋아서 웃고 아내는 속으로 '한번 살아봐라. 쉬운가? 나니까 참고 살았지.' 생각했다고 한다.

젊어서는 매일 '야근이다, 출장이다' 하면서 종종 집을 비우고 어쩌다 쉬는 날에도 아이들과 시간을 보내주기는커녕 '그동안 쌓인 스트레스 푼다.'라고 하며 낚싯대 들고 나가버리던 얄미운 남편이었다. 독박육아와 살림으로 청춘이 저만치 가는 줄도 모르고 바삐 살다가 정신 차려보니 어느덧 환갑이 넘고 머리 희끗희끗한 할머니가 되었다.

이제 나 하고 싶은 것 하면서 편하게, 재미있게 살고 싶었는데 '잔소리 대마왕'은 사사건건 '이렇게 해라, 저렇게 해라.', '된다, 안 된다.' 하면서 아내를 가르치려고 하였다. 그녀의 남편은 시골에서 나고 자란 '촌사람'이고 그녀는 도시에서 나고 자란 '도시 여자'이었다.

양가 어른들이 서로 짝을 지어주자며 약속을 해서 얼굴 한 번 보고 공무원이라는 말에 덜컥 시집을 왔다. 남편이 은퇴하고 고향에 내려가서 살자고 할 때 낯선 시골살이가 겁이 났지만, 남편이 오랫동안 꿈꿔 온 일이라 하니 안 된다고, 싫다고 딱 잘라 거절할 수도 없었단다.

은정 씨의 남편은 시골에 땅을 구매하고 집을 지었다. 마당 한쪽에 텃밭을 만들어서 봄부터 이것저것을 심고 고랑 사이에 쭈그리고 앉아서 잡초를 뽑았다. 아내가 풀을 뽑아서 그 자리에 두는 걸 보고 "풀을 왜 거기다 놔. 그러면 다시 풀이 자란다고. 모아서 저기 한쪽으로 치워야지. 그리고 나 좀 봐봐. 풀을 뽑을 땐 줄기를 잡아당기는 게 아니라 살살 뿌리까지 뽑아야 한다고 이렇게." 하면서 농사일에 익숙하지 않은 아내에게 시범을 보였다.

"어유 알겠어요. 이렇게요." 아내가 다시 한 번 풀을 잡아당겼다.

"아니, 이렇게 하라고. 건성으로 듣지 말고 설명할 때 잘 보라구. 이거 오늘 다 뽑아야 하는데 당신처럼 그러면 한 고랑도 못 뽑는다구. 일곱 살 짜리가 해도 당신보다는 잘하겠네." 그 말에 아내는 화가 나서 손에 쥐고 있던 호미 자루를 내려놓고 집으로 들어가 버렸다.

그러면 거기서 멈춰야 하는데 눈치 없는 남편은 또 이렇게 말했다.

"호미에 붙은 흙을 탁탁 털어서 깨끗이 씻어 둬야 다음에 일할 때 쓸 수 있는데 내 기분 나쁘다고 호미를 거기다 팽개치고 가면 어쩌라는 거야. 시골 살면서 농사지으려면 연장을 잘 챙겨야 하는 거 알아 몰라?"

이런 일이 자주 있다 보니 아내는 이제 말대꾸를 하는 것도 귀찮아졌다. 남편이 그러거나 말거나 집으로 들어가서 손을 씻고 이내 점심 준비를 하였다. 간단히 먹을 생각으로 칼국수를 끓였다. 칼국수는 아내가 좋아하는 음식이었다. 텃밭에서 한참 잡초를 매던 남편이 점심을 먹기 위해 들어왔다.

아내가 차려놓은 점심상을 보더니 "또 칼국수야? 속 아프다며. 아프다는 말을 하지 말던가. 밀가루가 왜 안 좋은 줄 알아?" 하면서 또 길게 설명을 늘어놓았다. 매번 이런 식이었다. 남편의 말을 가만히 듣고 있으면 구구절절 옳은 말이다. 그런데 아무리 옳은 말이라고 할지라도 윗사람이 아랫사람 가르치듯 하니 슬슬 짜증이 나기 시작했다. "알았어. 알았다고

요. 그렇게 길게 고조선 시대부터 얘기 안 해도 다 알아듣으니까 그만 좀 해요. 시시콜콜 피곤하게 뭘 그렇게 자꾸 따져요. 내가 당신 부하직원으로 보여요?"

부부 사이처럼 가까운 관계에서도 사랑이라는 이름으로 가르치려고 하면 안 된다. 잔소리를 듣는 사람이 나라고 생각해보자. 아무리 피가 되고 살이 되는 말일지라도 끊임없이 지적받고 '너는 틀렸고 나는 맞다.'라고 우겨대는 사람과 같이 있고 싶을지. 상대를 가르치려고 하는 것은 나로부터 가장 멀리 달아나게 하는 법이다. 지적질은 안 되지만 꼭 해야 한다면 최대한 간단하게 하고 듣기 좋은 칭찬은 길게 하는 것이 좋다.

"자기의 사고방식이나 행동 양식을 남들에게도 따르라고 강요하는 것은 우리 인간이 극복해야 할 결점이다."

— 마르쿠스 툴리우스 키케로(Cicero, Marcus Tullius)

건축CG회사에 다닐 때 종종 같이 일하던 거래처 여직원 B는 말이 없고 얌전한 사람이었다. 야근을 안 하는 날보다 하는 날이 더 많았던 때라 오랜 시간 같이 일을 하다 보면 자연스럽게 이런저런 얘기들을 나누게 된다. 그녀의 회사 동료 중 C는 그녀와 달리 성격이 활달하고 적극적이어서 언제나 주변에 사람들이 많았다. 서로 너무 다른 성격으로 친해질 수 없을 것으로 생각했는데, 나이도 비슷하고 사는 동네가 가까워서 출퇴근 시간에 자주 마주치다 보니 저절로 친해졌다.

B는 C의 성격이 부러웠다. 그래서 가끔 자신이 느끼는 대인관계의 어려움을 토로하기도 했는데 그때마다 C는 B에게 적절한 훈수를 두어 도움을 주기도 해서 어느덧 절친 사이가 되었다. 회사에서 일도 잘하고 성격도 싹싹한 편이라 속으로 대단하다, 멋있다는 생각이 들었다고 했다. 그런데 어느 순간부터 무엇인가를 물어보면 "그렇게 하면 될 것도 안 되지. 내가 지난번에 이렇게 하라고 얘기해주지 않았나? 왜 그렇게 안 해? 나한테 조언을 구했으면 일단은 내 말을 들어야지." 하고 약간은 무시하는 듯한 말투로 대꾸를 해서 자꾸 상처를 받는다고 했다.

'내가 너무 소심한가? 친구가 나를 걱정해서 해주는 소린데.' 하는 생각이 들어 B는 미안했다고 한다. 그래서 친구의 기분을 상하지 않게 하려고 자꾸 자기가 먼저 사과하면서 비위를 맞추게 된다고 했다. 친구가 싫어진 건 아니지만 소소한 감정들이 쌓이면서 C를 조금씩 멀리하게 되고 괜히 피해 다니게 된다고 했다.

진실한 친구는 상대를 일방적으로 가르치려고 하지 않는다. 내 의견만 고집하지도 않고 상대를 무시하지도 않는다. C의 말이 정답은 아니다.

그런데도 C는 직장상사라도 된 듯이 B가 자신의 말을 듣지 않는다고 볼멘소리를 했다. 솔직히 나는 둘 다 이해가 안 됐다. 직장은 친구와 우정을 나누는 곳이 아니다. 우정에 금이 갔을 경우 둘은 물론 주변 사람들까지도 불편해진다. 그리고 "내가 너보다 더 잘났다."라고 떠드는 C와 지나치게 저자세로 나가는 B는 친구로 보이지 않았다.

　꾸짖거나 베풀 때도 상대를 먼저 생각해야 한다. 사람들은 '듣기 싫은 소리' 즉, '잔소리'나 '쓴소리'를 들으면 그것은 모두 자신을 가르치려고 하는 소리라고 생각해서 거부감부터 들게 된다. 만약 '충고'와 '조언'을 해야만 한다면 좀 더 부드러운 말로 최대한 짧게 이야기를 끝내는 것이 좋다. 내 말이 백번 옳다고 해도 사람들은 '충고'와 '조언'보다 '격려'받고 '공감'받기를 더 좋아한다. 내가 아무리 상대를 생각해서 하는 말이라도 듣는 사람이 달리 해석하면 그 말을 안 하느니만 못한 결과가 된다.

功人之惡毋太嚴(공인지악무태엄) : 남의 잘못을 꾸짖을 때엔 극히 엄하게 하지 마라.

– 채근담

- 4장 -

원하는 것을 더 많이 얻는 소통의 기술

약점은 절대 농담으로라도 말하지 마라

"뭉치지 않으면 죽는다."라는 유명한 말을 신문에 게재해 큰 반향을 일으킨 사람은 벤저민 프랭클린(Benjamin Franklin)으로 가장 미국적인 인물로 손꼽힌다. 그는 정치가, 외교관, 과학자, 저술가, 비즈니스 전략가로서 여러 방면에서 활약했고 머리가 좋기로 유명했다. 프랭클린의 정규 교육은 2년간 학교에 잠깐 다니며 읽고 쓰고 산수를 배운 것이 전부였다.

그는 자신의 성공 비결에 대해 "타인의 나쁜 점은 절대 입 밖으로 내지 않고 장점만 칭찬하는 것"이라고 했다. 그의 지식은 책을 통한 것이거나 그가 스스로 배우고 익힌 것으로 매우 독창적인 생각에도 불구하고 종종 사람들로부터 깊이가 없다는 지적을 받기도 하였다. 그런데 프랭클린은 젊은 시절 종종 남을 비판하고 빈정거린다는 이유로 지적을 받고 대인관계가 거칠기로 유명했다고 한다.

사람은 누구나 선과 악을 가지고 있듯이 장단점을 갖고 있다. 누군가 상대방의 약점(단점)을 다 알고 있는 상태에서 칭찬이라는 이름으로 들춰내면 기분이 몹시 상한다. 가끔 약점을 칭찬하는 척하면서 웃는 얼굴로 다른 사람들 앞에서 '칭찬인지 욕인지' 헷갈리게 이야기를 꺼내서 갑자기 분위기 싸하게 만드는 사람이 있다. 그러면 그 사람은 자존심이 뭉개지고 당신에게 경계심을 갖게 된다.

칭찬도 두 번 세 번 들으면 효과가 떨어지는데 칭찬이 아니라 약점을 자꾸 들추어내는 것은 상대로부터 자기반성을 하게 만드는 것이 아니라 강한 반감만 사게 된다. 그것처럼 어리석은 일도 없다. 상대의 호감을 사고 싶다면 장점으로 단점을 가려주어라. 장점을 돋보이게 만들어주는 것이 단점을 지적하는 것보다 효과적이다.

사람은 누구나 생각처럼 일이 잘 안 풀려서 힘들고 어려울 때가 있다. 부끄러운 과거든지, 힘들었던 시기이든지, 실수이든지 다른 사람은 몰랐으면 하는 말하고 싶지 않은 비밀 한두 가지는 갖고 있다. 그런데 악의적인 사람은 이것을 빌미로 일부러 떠들어대면서 상대가 당황하는 순간을 즐긴다. 다른 사람의 실수나 약점을 절대 농담으로라도 말하지 마라. 자신의 위치나 상황은 생각하지 않고 남의 약점을 떠벌리면 자신도 똑같이 공격받을 수 있다는 것을 명심하라.

준호 씨는 20대 후반부터 탈모가 오더니 급기야 30대 초반에 대머리 아저씨가 되어버렸다. 점점 의기소침해지고 연애도 자신이 없고 사람들이 자기 머리만 쳐다보는 것 같아서 신경이 쓰였다. 그래서 어디를 가든 모자를 푹 눌러쓰고 다녔다. 어느 날 동호회 모임을 마치고 치킨과 콜라를 마시며 다과 시간을 가졌다. 준호 씨는 테이블 주변에 앉아서 먹고 뒤에 서서 먹던 사람이 치킨을 집어 자기 쪽으로 가져오다가 하필 준호 씨의 모자 위로 빨갛게 양념이 된 치킨 한 조각을 떨어뜨렸다.

"어머 죄송해요. 모자를 빨아야 할 것 같아요."
"괜찮아요. 대충 닦고 집에 가서 빨면 되니까 신경 쓰지 마세요."
"그래도 얼룩지면 어떻게 해요."
"진짜 괜찮아요. 비싼 모자도 아닌데요."

괜찮다는 데도 그 사람은 자신이 실수한 것이 미안해서인지 한사코 모자를 벗어주면 빨아다 주겠다고 했다. 준호 씨는 그냥 그 순간이 불편해서 거기서 대화를 빨리 끝내고 싶었다.

사람들의 시선이 자신에게 쏠리는 것이 불편하고 싫었다. 그때 친구 K가 나서며 말했다.

"얘 탈모 때문에 여름에도 모자 잘 안 벗어요." K는 곁눈질로 준호 씨를 한 번 힐끔 쳐다보며 말했다. 치킨을 떨어뜨린 그 사람은 재빨리 사과했다. "어머, 미안해요. 그런데 뭐 어때요? 스트레스받으면 탈모가 온다는데."

미안한 마음에 급하게 말을 꺼내놓고 눈치를 보며 말끝을 흐렸다. 그 순간 준호 씨는 쥐구멍에라도 들어가고 싶었다. 이제 거기 있는 사람들의 시선이 자신의 머리에 꽂혔기 때문이다.

눈치 없는 K는 한술 더 떠 이렇게 말했다. "더워서 땀을 뻘뻘 흘리면서도 모자를 안 벗는다니까요. 나도 사람들 눈치 보지 말고 그냥 당당하게 다니라고 몇 번이나 말해줬는데 안 들어요. 얘네 집안 유전이래요."

준호 씨는 동물원의 원숭이가 된 듯한 기분이 들었다. 우리 안에 자기를 가둬놓고 E와 사람들이 자신의 머리에 대해 수군수군하는 것 같았다. K는 준호씨를 생각해주는 척 사람들의 관심을 끌면서 사실은 준호 씨가 말하고 싶지 않은 약점을 사람들 앞에서 떠벌렸다.

나는 분명히 준호 씨가 K에게 화낼 거로 생각했는데 의외로 준호 씨는 썩소 한 번 짓더니 먹던 것을 마저 먹고 아무렇지 않은 듯 일어나 가버렸다. 그리고 다음번 모임부터 바쁘다는 핑계로 그 모임에 나오지 않았다. 수많은 대화법에 관한 책들의 공통점은 바로 역지사지로 생각을 해보라는 것과 상대방의 말에 귀 기울이고 배려(공감)하라는 것이다.

K가 준호 씨 입장이었다면 그렇게 떠벌릴 수 있었을까? K는 아무런 악의 없이 한 말이었다고 할지 몰라도 어쨌든 준호 씨를 여러 사람 앞에서 곤란하게 한 것은 사실이다. K는 친구를 위하는 척 말하면서 결국은 준호 씨의 약점을 떠벌린 것이다. 그 결과로 준호 씨는 부끄러움을 당한 그 모임을 탈퇴했고 친구 목록에서 K도 빼버렸다.

다른 사람의 실수를 빗대어 짓궂은 농담으로 빗대어 말하는 사람들이 있다. 상대의 약점을 농담으로 바꾸어서 자신은 웃으면서 이야기할 수 있을지 몰라도 대인관계에서는 빵점이다. 상대가 기분이 상한 듯하면 이런 사람들은 재빠르게 나쁜 뜻은 없었다고 얼른 사과한다. 하지만 진심은 없어 보인다. 대놓고 욕을 하는 건 아니지만 만나고 오면 어쩐지 기분이 상하고 찝찝한 사람들이 있다.

그 자리에서 화를 내면 괜히 속 좁은 사람이 되는 것 같아서 참았는데 집에 와서 생각할수록 기분이 언짢고 나만 바보가 된 것 같다. 그 사람들의 말은 아니면 말고 식이 많다. 그러면서 화라도 내면 "에이 웃자고 하는 말인데 목숨 걸고 덤비네.", "농담이야 농담, 뭘 그렇게 예민하게 굴어." 하면서 은근슬쩍 농담으로 모면하려고 한다.

공원 놀이터 언덕에서 놀다가 아이가 미끄러지며 산 지 하루도 안 된 새 바지에 구멍을 냈다. 세탁소에 맡기는 대신 구멍 난 아이 옷을 셀프 수선하려고 인터넷으로 와팬 자수 패치를 주문했다. 몇백 원에서 몇천 원까지 가격과 모양이 가지각색이고 정말 다양하고 예쁜 것이 많다. 나는 아이가 좋아하는 꽃 모양 와팬을 주문했다. 와팬을 올리고 천을 덧대어 고열의 다리미로 꾹꾹 다리자 감쪽같이 구멍이 메꿔지고 새 바지가 되었다.

남은 패치는 어디에 붙일까 생각하다 새로 산 치마가 너무 밋밋하다는 생각이 들었다. 그래서 주문한 꽃 모양 와팬을 치마 앞뒤로 하나씩 부착했다. 아이는 엄마 옷과 자기 옷이 쌍둥이라고 좋아했다. 나는 기분 좋게 그 치마를 입고 출근했다.

그런데 유심히 지켜보던 정 대리가 가까이 오더니 이렇게 말했다. "이거 여기 안 달려 있던 거 맞죠?" 나는 어떻게 알았느냐고 물었다. 내가 보기엔 본래부터 달려 있었던 것처럼 감쪽같이 보였기 때문이다. 정 대리가 웃으면서 이렇게 말했다. "어쩐지 이상하다 했더니 내 말이 딱 맞네. 과장님 설마 이거 돈 주고 산 거 아니죠?"

묘하게 기분이 상한데 그렇다고 화를 내기에도 모호한 상황이라 웃고 넘기자니 '어쭈, 돌려서 욕하는 거야 뭐야?' 하고 기분이 상했다. 이런 사람들은 슬슬 약을 올리며 상대의 표정을 살피며 간을 본다. 그렇다면 이런 사람들이 내 기분과 마음을 상하게 하는데도 그냥 참아 넘겨야 할까?

이 정도면 작정하고 말싸움을 걸어오는 것이나 마찬가지다.

생각 없이 미운 소리를 남발하는 사람들의 농담을 절대 웃어넘기면 안된다. 웃어주면 이런 사람들은 당신을 만만하게 보고 한술 더 뜬다. 나는 무례하게 농담하는 정 대리에게 정색하며 이렇게 말했다. "칭찬이야 욕이야? 나는 욕으로 들리는데. 패션 감각이 떨어져서 미안하네. 이딴 거 예쁘다고 돈 주고 사서 아이랑 같이 붙였네."

누군가 내 약점을 떠벌리는 것도 싫은데 그 약점을 농담 삼아 말하는 사람은 더욱 얄밉다. 분위기 어색하게 만들기 싫어서 계속해서 그냥 참고 넘기면 당신은 상대의 무례함에 불을 붙이는 것이나 마찬가지다. 이런 사람들의 특징은 다른 사람의 기분이나 감정은 고려하지 않고 생각나는 대로 내뱉는다는 것이다. 당연히 칭찬에도 인색하다. 칭찬을 듣긴 들었는데 칭찬을 들었어도 어딘지 찜찜하다. 질투심이 많아서 동료나 선후배들이 자신보다 더 잘나가는 꼴을 못 본다.

정색하고 기분 나쁜 티를 내면 "내가 없는 말을 한 것도 아니고 모두가 다 아는 사실인데 뭐 어때?" 하고 치고 빠진다. 상대를 생각해서 조언이나 충고를 하더라도 처지를 바꿔 생각해보고 말해야 한다. 촌각을 다투는 시급한 말이 아니라면 말하기 전에 한 번 더 생각하고 말을 해야 실수하지 않는다. 내가 상처 줄 의도가 전혀 없었다고 해도 상대가 당신의 말로 인해 상처를 받았다면 사과하고 용서를 구해야 한다. 무심코 던진 돌에 개구리가 맞아 죽는다.

상대방의 체면을 살려주며 말하라

체면(體面)은 남을 대하는 떳떳한 도리나 얼굴을 가리키는 말로 어떤 관계에서 자기의 입장이나 지위로 지켜야 한다고 생각되는 위신, 면목, 모양새이다. 우리말에는 체면에 대한 글이나 속담이 많다. 먹어야 체면, 체면이 사납다, 체면이 사람 죽인다, 체면을 손상하다, 체면이 서다, 체면을 지키다 등등. 높으신 분들의 체면을 지키는 것은 보통 체통이라고 예의를 차려서 표현하기도 한다.

우리의 체면은 '사회성'을 갖고 있다. 어떤 일정한 사회적인 기준을 넘어서지 못할 때 '체면이 서지 않는다, 체면이 깎인다.'라고 생각한다. 이

웃 나라들도 체면을 중요하게 생각하는 것 같다. 다만 표현되는 느낌이 조금 다르다.

서양의 체면은 인상 관리(impression management)와 관련된 것으로 사회학자 고프만(Erving Goffman)에 의해 최초로 개념화되었다. 고프만은 그의 저서에서 인상 관리란 사회적 관계를 원활히 유지하고 통제하며 당황스러움을 피하려는 상호 간의 의식이라고 하였다.

일본어인 '가오'는 체면(멘쯔 面子)과 비슷한 말로 얼굴이란 뜻인데, 허세를 부린다거나 있는 척을 할 때 흔히 쓴다. '가오'는 '폼'을 속되게 이르는 말이다. 일본의 '체면'은 '명예'라는 의미가 더 강하다. 개인의 품위인 자존감 즉 위신을 잃는다는 것은 일본에선 상상할 수 없다. 일본인들이 공공질서를 잘 지킨다는 것은 누구나 알고 있는 사실이다. 이런 공공질서 의식은 일본인들이 체면에 신경을 쓰고 있기 때문이며 그들의 행동을 결정하는 것은 타인의 평판이다. 따라서 집단의 조화를 깨는 것을 체면의 손상으로 여기는 것이다.

중국인들 만큼이나 체면을 중요시하는 사람들도 없을 것이다. '미엔쯔(面子)'는 체면이라는 뜻으로 시시비비를 초월하는 인격적인 배려가 담겨 있다. 그들은 남들 앞에서 자신의 수치스러운 행위나 허물을 지적당하는 것을 참을 수 없는 모독으로 느낀다. 그들이 자주 사용하는 말 중에 "메이요우 미엔쯔."라는 말이 있는데 '면이 서지 않는다.'라는 말이다. 중국인들은 체면에 살고 체면에 죽는다.

개혁 개방 이후 중국인들에게 남에게 어떻게 보이느냐가 중요한 일이 되어버렸다. 경제가 발전하면서 '체면치레'를 위한 브랜드나 명품을 선호하는 현상이 두드러졌다. 같은 물건을 사더라도 백화점에서 사면 더 비싸다는 것을 알면서도 체면을 세우기 위해 백화점에서 물건을 구매한다. 중국인들은 남이 쓰던 물건을 사면 '체면'이 깎인다고 생각해서 중고시장은 선호하지 않는다.

평범한 직장인 D는 '가오'떨어지는 걸 질색해서 '쪽팔린' 건 도저히 용납이 안 되었다. 기죽지 않기 위해서라도 '가오'가 중요한 그는 전세 아파트에 살면서 사람들을 만날 때면 명품 옷을 차려입고 근사한 식당에 갔다. 그는 데이트하거나 친구들을 만날 때면 외제 중형차 정도는 타고 다녀야 한다고 생각했다. 평소에는 상사의 눈치와 기름값을 아끼기 위해 전철을 타고 다녔지만, 그의 SNS 계정에는 명품차 앞에서 폼 잡고 찍은 사진들이 종종 올라왔다. 어찌 되었든 그의 삶의 방식이니 옳다 그르다를 말할 수는 없지만, 주변에선 그런 D의 뒤에서 '허세 작렬'이라고 놀려댔다.

누가 뭐라든지 가오를 지키는 건 그에게 '품위'를 지키는 거라서 중요한 일인 것 같았다. 그는 "내가 가오 빠지게 그런 일을 해야 하겠니?", "쩐이 없지 가오가 없나?", "야, ㅇㅇ앞인데 내 가오 좀 살려주면 안 되냐?"라는 말을 달고 살았다. 중요한 자리라든지 격식이 필요한 자리에선 당연히 체면을 살리는 것이 필요한 법이다. 지나치면 체면이 아니라 허세가 되지만 누구나 '허세'를 부리고 싶은 마음은 조금씩 있다.

사실 체면을 차린다는 말은 당장 이득은 없지만, 그거라도 챙겨야 손해 보는 기분이 들지 않을 때 쓰는 말이기도 하다. 체면을 차린다는 말은 종종 어떤 일의 명분과도 통한다. 우리의 체면은 개인뿐 아니라 개인이 속한 집단에도 영향을 미친다. 자식이 어느 대학을 갔느냐, 어느 회사에 취직했느냐는 당사자뿐 아니라 당사자의 부모와 학교의 체면에도 영향을 미친다.

간혹 학교나 학원 앞에 큼지막하게 '아무개, ㅇㅇ대학교 합격', '아무개, 사법고시 합격' 등 당사자뿐 아니라 학교나 학원의 체면을 세우고자 큼지막한 현수막이 걸려 있는 걸 본다. 한국의 체면은 당사자가 속한 집단 안에서 '공유(share)'되며 '인정'을 받으면 '체면'이 섰다고 생각한다. 우리에게 체면 유지만큼 중요한 것도 없다. 지금 생각해보니 나는 부모님이나 학교의 체면을 세워본 적이 한 번도 없는 것 같다.

'어디 내놔도 말하기 부끄럽지 않은' 자식과 학생은 아니었다. 부모에게 최고의 자랑은 자식이 남들에게 칭찬받고 '인정'받을 때가 아닌가 싶다. 그런데 나는 번듯한 명문 대학을 나오지 못했고 대기업에 취직하거나 좋은 집안의 남자와 결혼도 못 했다. 화려한 외모나 건강하고 균형 잡힌 몸매는 더더욱 갖지 못했다.

어디 가서 자랑할 만한 변변한 스펙 하나 없는 나는 집안에서나 친구들과의 사이에서 늘 기가 죽어 있었고 체면을 구겨야 했다. 그런데도 "체면을 내려놓을 수 있니?" 누가 내게 묻는다면 더 구겨질 체면도 없으면서 당장 그렇다고 대답할 자신이 없다. 나도 '인정'받는 사람이 되고 싶기 때문이다.

'인정'받는 작가가 되고 '인정'받는 딸이 되고 '인정'받는 엄마가 되고 싶다. 우리가 지구별에서 사는 한 어쩔 수 없이 다른 사람에게 어떻게 보일까를 신경 쓰게 되고 남의 시선에서 완전히 자유롭기는 쉽지 않다. 그런데 체면 때문에 할 일, 못 할 일 구분하고 체면 때문에 행동하는 것을 망설이는 것은 미래를 위한 과감한 도전을 차단하는 것이다.

예절은 인간관계를 위한 최소한의 에티켓이라고 할 수 있지만, 체면은 허례허식이 대부분이다. 체면은 사람의 도리에 관계되는 행동으로 꼭 필요한 것도 있지만 많은 사람이 이 체면의 틀에 갇혀 스스로 자기 자신을 옥죄는 삶을 살고 있다. 체면이라는 올가미에 걸려 자신과 가족을 학대하는 일은 하지 말아야 한다. 한국인은 체면에 약한 민족이다. 성공을 위해서 불필요한 허세인 체면은 치워버리고 대신 상대의 체면을 살려주는 것이 현명한 방법이다.

체면은 한국인들이 가진 독특한 문화적 정서로 갈등 상황에서 종종 원활한 의사소통을 어렵게 하는 불통의 요인이 되기도 한다. 아무짝에도 쓸모없는 체면이지만 우리 마음 깊숙한 곳에 자리 잡고 있어서 체면이 깎이면 우리는 자존심이 상했다고 생각한다. 앉으나 서나 말조심! 이야기할 때는 상대의 체면(자존심)을 살려주며 이야기하라.

우리에게는 자신의 자존심에 상처를 입힌 사람을 향한 보복 심리가 있다. 그래서 함부로 다른 사람의 체면을 깎아내리는 일은 하지 말아야 한다. 모든 사람들은 체면이 상하면 자존심에 상처를 입는다. 어리석은 사람이 갖고 다니는 것이 '자존심'이라고 하였다. 아무리 미운 사람이라 할지라도 상대에게 최소한의 자존심은 지키게 해줘야 한다. 친구를 원하거든 상대의 자존심을 지켜주라는 말이 있다.

인간관계에서 나의 자존심뿐 아니라 상대의 자존심을 지켜주는 일은 중요하다. 상대의 자존심을 상하게 해놓고 좋은 관계를 유지한다는 것은 불가능한 일이나 마찬가지이다. 상대방을 이해하고 자존심을 상하게 하는 말만 조심해도 관계는 좋아질 수 있다. 자존심에 상처를 주는 사람은 어리석다. 남을 비난하느라 아까운 시간을 낭비하지 말고 칭찬과 격려로 상대의 마음을 얻기 위해 노력해라. 여섯 살 난 아이는 하루에 삼백 번 웃고 정상적인 성인은 하루에 겨우 열일곱 번 웃는다고 한다. 왜 그럴까? 바로 체면을 차리려고 하기 때문이다.

『어린왕자』로 유명한 소설가 생텍쥐페리는 이렇게 말하였다.

"상대방이 누구일지라도 나에게는 그 사람을 과소평가하는 말이나 행동을 할 권리가 없다. 중요한 것은 내가 그 사람에 대해서 어떻게 생각하느냐가 아니라, 그 사람이 자신을 어떻게 생각하느냐 하는 것이다. 사람의 자존심에 상처를 주는 일은 죄악이다."

상대의 진심을 알고 싶다면 경청하라

"그러므로 믿음은 들음에서 나며 들음은 그리스도의 말씀으로 말미암 았느니라"

– 로마서 10장 17절

교회 안에서 자주 강조되는 말씀으로 적어도 한 번은 들어보았을 것이다. 성경에는 이 구절 외에도 '들음'에 대한 말씀이 여러 번 나온다. '들음'은 바로 경청하는 것이다. 우리의 믿음은 그리스도의 말씀을 듣는 것으로 시작되고 이것은 그리스도의 말씀을 '신뢰'하는 것이다. 신뢰는 굳게 믿고 의지하는 것이며 믿음이 없으면 움직이지 않는다.

"내 형제들아 만일 사람이 믿음이 있노라 하고 행함이 없으면 무슨 유익이 있으리요 그 믿음이 능히 자기를 구원하겠느냐"

— 야고보서 2장 14절

"이와 같이 행함이 없는 믿음은 그 자체가 죽은 것이라"

— 야고보서 2장 17절

참된 믿음은 행함으로 증거를 보인다. 성도들에게 믿음은 그리스도의 법을 지키는 것이다.

상대의 진심을 알고 싶다면 경청해야 한다. 내가 원하는 것을 얻기 위해서는 상대의 말을 잘 들어야 한다. 그래야 내가 무엇을 행할지 무엇을 하지 말지를 결정할 수 있기 때문이다. 경청은 단순히 듣는 것만이 아니라 상대의 존재를 수용한다(신뢰한다)는 암묵적 의미가 포함되어 있기에 경청이 항상 강조되는 것이다.

하나님은 인간에게 하나의 입과 두 개의 눈과 귀를 주셨다. 아마도 인간의 눈이 전면만 바라보는 것은 곁눈질로 세월을 낭비하지 말고 쭉 정진하라는 것이며 입이 하나인 것은 인간은 입에서 나오는 말 때문에 실수하고 곤란한 상황을 겪게 되니 신중하라는 것이요, 귀가 두 개인 것은 두 배로 열심히 들으라는 의미일지도 모른다.

> "남의 말을 경청하라. 귀가 화근이 되는 경우는 없다."
>
> — 프랭크 타이거(Frank Tyger, 칼럼니스트, 만화가)

'입' 때문에 망하는 수가 종종 있지만, '귀' 때문에 망하는 일은 없다는 말은 경청이 그만큼 중요하다는 말이다. 사람들은 모두 내 말을 잘 들어줄 '귀'를 필요로 한다. 당신 주변에 당신의 말을 잘 들어주는 사람이 몇 명이나 되는가? 우리가 아는 사람이 천 명, 만 명이라도 그중 당신의 말에 귀를 기울이고 정말 잘 들어주는 사람은 사실 몇 명 되지 않는다.

경청은 완전히 상대에게 집중해야 가능한 것으로 자기 존재의 중요성을 깨닫게 하는 가장 훌륭한 방법이다. "지금, 이 순간 중요한 것은 당신의 말이며 당신의 말은 정말 들을 가치가 충분하다."라고 말하는 것과 마찬가지다. 경청은 얼마나 중요한지 강연가는 이야기가 끝나고 자신의 이야기를 들어준 청중에게 "들어줘서 고맙다."라는 감사 인사를 한다.

사람들은 대부분 들으려 하지 않고 자기가 하고 싶은 말만 늘어놓는다. 그래서 누군가 내 얘기에 귀를 기울여주고 지지해준다는 것에 대한 감사이다. 이청득심(以聽得心)은 귀를 기울이면 상대의 마음을 얻는다는 뜻이다.

사실 남의 말을 참고 들어주며 내가 말할 기회가 될 때까지 기다리는 일은 그렇게 쉽지 않다. 상대의 이야기에는 시큰둥하면서 내 이야기는 진지하게 들어주기를 바라는 사람들이 있다. 몇 초 몇 분을 못 참고 상대의 말을 자르고 이야기의 중간에 끼어들어 흐름을 끊게 한다. 전문가들은 다른 사람의 말을 듣지 않고 자기 할 말만 하는 사람을 자기애가 강한 나르시즘이 있는 사람이거나 반대로 다른 사람의 평판을 두려워하는 사람으로 나눌 수 있다고 하였다.

자기애가 강한 사람은 다른 사람의 감정에 공감 능력이 떨어지고 다른 사람에게 비판받는 것을 죽도록 싫어한다. 자기 말만 하는 사람은 타인의 평가에 예민한 사람으로 상대방이 나의 잘못이나 치부를 건드릴까 두려워서 상처를 받을까 봐 미리 자기방어를 한다. 원하는 것을 얻기 위해서는 말하고 싶은 것을 참고 상대의 이야기에 귀를 기울이고 참고 들어야 한다.

참고 듣는 것이 지루하지만 경청하지 않으면 절대 상대의 진심과 의도를 파악할 수 없고 마음의 문을 열게 할 수 없다. 경청은 단순히 듣는 것이 아니라 상대의 말에 맞장구를 치는 적극적인 태도가 포함된다. 경청하며 맞장구를 치는 것은 대화의 분위기를 긍정적으로 조성하고 대화를 매끄럽게 한다. 일상의 커뮤니케이션은 '질문'과 '대답' 또는 '행동'이다.

커뮤니케이션이 잘 이루어지려면 우선 잘 들어야 하고 잘 질문해야 잘 대답할 수 있다.

남의 말을 잘 듣기 위해서 '주의집중력'을 기르는 것이 좋다. 집중력은 인지, 행동, 정서가 안정되어야 향상되는데 집중력을 발휘하려면 상당한 시간과 노력이 요구된다. 집중력을 향상하기 위해 바둑을 두거나 보드게임 같은 것을 하는데 집중력을 빠르고 효과적으로 향상할 수 있는 간단한 방법이 있다.

첫째, 휴식 취하기

충분한 수면과 휴식을 취하지 못하면 평정심이 깨져서 집중력이 떨어진다.

둘째, 단계별 계획 세우기

할 일에 대한 규칙(시작과 끝 시간 정하기)을 정하고 단계별 목표를 정한다. 계획을 세우지 않으면 시간만 낭비하게 된다.

셋째, 명상하기

하루 10~20분 정도의 꾸준한 명상은 스트레스를 줄이고 수면의 질을 개선하며 몸과 마음을 건강하게 한다.

넷째, 절제되고 균형 잡인 식사하기

몸에 좋은 음식을 챙겨 먹고 과식을 피한다. 과식은 거북하고 졸음을 유발한다.

다섯째, 적절한 운동하기

잔병치레가 많으면 무슨 일이든 집중하기가 어렵다. 적정 체중을 유지하고 규칙적인 운동을 한다.

잘 듣는 능력을 개발하면 불필요한 논쟁을 미리 예방할 수 있다. 누군가 까다롭게 군다면 그 사람은 자신의 메시지가 제대로 전달되지 않아 화가 난 것이다. 화가 난 사람에게 귀를 기울이면 달랠 수 있고 저절로 목소리가 낮아지고 이성적으로 구는 모습을 보게 될 것이다. 사람들은 너무 바빠서 주의 집중하지 못하고 제대로 듣지 않아서 괜한 오해를 사고 누군가를 화가 나게도 하며 갈등을 일으키고 상처를 주고받는다.

리더십의 판가름은 '경청'이다. 리더에게 경청의 자세와 경청하는 태도는 필수적이다. 경청의 경(傾)은 '기울 경'으로 亻(사람 인)과 頃(이랑 경)이 합쳐진 글자로 잘 듣기 위해서는 자세를 앞으로 기울여서 얼굴을 더 가깝게 함을 말한다. 우리는 몸을 기울여서 제대로 듣고 있는가. 리더가 누가 되느냐에 따라 사람들이 모이기도 하고 흩어지기도 한다.

또한, 리더가 잘 듣는가 듣지 않는가에 따라 훌륭한 리더와 그렇지 못한 리더로 나뉜다. 사실 우리는 모두 리더이다. 부모는 아이들의 리더이며 선생님은 제자들의 리더이고 회사의 대표는 사원들의 리더이다.

三人行(삼인행) 必有我師蔫(필유아사언) :『논어』에 나오는 말로 세 사람이 길을 감에 반드시 나의 스승이 있다는 뜻이다. '삼인'은 나 자신, 나보다 나은 사람, 나보다 못한 사람을 가리킨다. 나보다 나은 사람에게서 좋은 점을 배우고 나쁜 것은 스스로 살펴 고쳐야 한다. 세상을 살아가는데 누구든 나에게 스승이나 리더가 될 수 있고 영향력을 끼칠 수 있다. 인생의 길에서는 많은 사람을 만나게 된다. 인생의 길에 잘 듣는 능력을 개발하면 거의 모든 인간관계가 개선된다. 더 좋은 부모, 더 좋은 선생님, 더 좋은 상사나 친구가 될 수 있다.

상대방의 말에 귀를 기울인다는 것은 상대방에게 표할 수 있는 최고의 경의이다.

04

모르는 것은 모른다고 말해야 오해가 생기지 않는다

내가 잘 모르는 것을 질문받았을 때 제대로 대답하지 못해서 곤란하거나 부끄러웠던 기억이 한 번쯤은 있을 것이다. 또는 체면 구기기가 싫어서 잘 알지도 못하면서 아는 척 대답했던 기억도 있을 것이다.

자주는 아니지만, 결혼 전에 혼자서 미술관과 박물관을 찾아다니는 걸 좋아했었다. 지금도 어디서 무슨 전시회를 한다고 하면 저절로 관심이 간다. 전시회에 갔다가 구스타프 클림트의 그림을 처음 본 날 그냥 좋아서 구스타프 클림트의 그림이 새겨진 온갖 물건을 수집했었다. 어느 날 남편의 동호회 모임 회원 중 한 분의 집에 초대받아 가게 되었다. 거실

복도에 그림들이 걸려 있었고 그중에 클림트의 그림도 걸려 있었다. 나는 괜히 고상한 척 아는 척을 하고 싶었다.

"어머, 이거 클림트 그림인데."

"그림 좋아하세요?"

"아, 그냥 평소에 그림에 관심이 있어서요."

"그래요?"

"클림트가 이탈리아 출신 화가잖아요."

"오스트리아 아닌가요? 이탈리아 사람이었나?"

....

순간 정적이 흐르고 나는 속으로 '맞나? 오스트리아인가? 괜히 말했다가 우스운 사람이 돼버렸네.' 하고 생각하느라 그 뒤 몇 마디 더 주고받았는데 무슨 말이었는지 기억이 안 난다. 그냥 그 자리에서 핸드폰으로 검색을 해보면 될 간단한 일이었다. 아니면 잘 기억이 잘 안 난다고 말하면 될 일이었다. 클림트의 그림에 대해 무슨 전문가도 아니면서, 이탈리아 사람이든 오스트리아 사람이든 그냥 모르면 모른다고 하면 되는데 그 순간 이상하게 모른다고 말하면 안 될 것 같은 기분이 들었다.

모든 것을 알고 모든 것을 잘 해내야 한다고 생각하는 건 욕심이다. 벗어나지 못하면 집착이 생기고 욕심만 더욱 늘어난다. 인테리어 회사에서 일할 때 발주처에서 PPT를 요구해서 사흘 동안 열심히 만들어 사장님과 프레젠테이션에 참석하였다. 본래 발표는 내가 하기로 하고 간 거였는데 다른 업체들이 먼저 발표하는 것을 보면서 사장님의 마음이 변했는지 본인이 직접 하겠다고 했다. 우리 앞에 먼저 프레젠테이션을 끝낸 업체 두 곳이 회사 대표가 나와서 발표를 했기 때문이다.

잘해야 한다고 지나치게 긴장한 탓인지 사장님의 목소리가 조금 떨리는 것이 느껴졌다. 발표를 모두 마치고 질문시간이 이어졌다. 그런데 PPT 자료를 준비하면서 예상되는 질문을 몇 가지 뽑아 준비해갔는데 전혀 다른 질문이 나오자 순간 사장님이 당황하였다. 땀을 뻘뻘 흘리며 떨리는 목소리로 설명을 하긴 하는데 누가 들어도 "저게 무슨 말이야?"라는 생각이 들 정도로 중언부언하고 있었다. 어떻게든 임기응변으로 그 상황을 모면하려고 해보았지만 그럴수록 점점 더 말의 수렁으로 빠져들 뿐이었다. "죄송합니다. 제가 긴장한 탓인지 갑자기 생각이 나지 않습니다. 시간을 조금 주시면 알아본 후에 답변드리겠습니다."라고 솔직하게 말하는 용기가 필요했다.

잘 알지도 못하면서 아는 척을 하느라 계속해서 중언부언하고 있으니 점수가 깎이는 건 당연한 일이었다. '이 부분은 우리 회사 김 과장이 준비했으니까 저보다 설명을 잘할 것 같습니다. 저 대신 김 과장이 설명을 이어나가겠습니다.' 하고 자연스럽게 배턴을 넘겨주었다면 오히려 발주처 사람들에게 신뢰를 얻었을 수도 있었다.

우리의 프레젠테이션은 실패로 끝나버렸다. 그런데 성격이 급한 사장님은 종종 이런 실수를 하였다. 클라이언트를 만나서 계약을 진행할 때 궁금한 것이 많은 것은 당연하다. 가끔은 그 자리에서 곧바로 대답하지 못할 내용을 질문할 수도 있다.

그럴 땐 "지금은 정확한 수치를 산출할 수 없으니 혹시 괜찮으시다면 회사에 돌아가서 답변을 드리겠습니다."라고 양해를 구하는 편이 낫다. 사장님은 "아, 그거 걱정하지 마세요. 다 됩니다." 해놓고선 나중에 "어휴, 안 되요. 본래 안 되는 건데." 이렇게 앞뒤가 안 맞는 말을 하니 클라이어트 입장에선 기분도 상하고 신뢰가 가지 않는다.

신뢰를 잃으면 다음번 공사 수주는 물 건너간 일이다. 당장 눈앞의 작은 이익을 위해 큰 것을 잃어버리는 결과를 초래한다. "회사에 돌아가서 알아본 후에 다시 연락드리겠습니다."라고 약속했으면 빠른 시일 내 연락해야 한다. 바쁘다고 차일피일 미루다가 약속한 것을 잊어버리거나 약속을 지키지 않으면 나쁜 아니라 회사 전체에 대한 신뢰에 금이 간다.

호감을 주거나 인상 깊은 사람이 되고 싶다면 다양한 지식을 쌓는 것이 좋다. 상대가 미처 알지 못하거나 알고 싶어 하는 정보를 줄 수 있을 때 호감도와 신뢰도는 상승한다. 그런데 그 정보가 정확하지 않고 확실하지 않으면 아예 모르는 것만 못하다. 모은다고 모두 정보는 아니다. 모르는 것을 아는 척하거나 불확실한 정보를 전달하는 것은 더욱 신뢰를 잃어버리고 호감을 사지 못하며 뜻하지 않은 결과를 가져와 곤란에 처할 수도 있다.

모르는 것이 죄는 아니다. 모르면서 알려고 하지 않는 것이 죄라고 하였다. 모르는 것은 배우거나 질문을 통해 배우면 된다. 부끄러움을 참고 모르는 것을 모른다고 말할 수 있는 것도 용기이다. 간혹 자신의 체면이나 위신을 세우기 위해 임기응변으로 아는 척 대답했다가 큰 실수를 하는 경우가 있다. 사람들은 자기가 아는 것을 뽐내고 싶어 하는 기본 심리가 있다. 그것이 극비사항일수록 고급 정보일수록 더욱 그렇다.

"동독 정치국원 실언 한마디, 베를린 장벽 허물었다."는 기사가 2015년 중앙일보 국제면에 실렸다. 1989년 베를린 장벽이 무너지던 해 1월에도 동독에선 "장벽이 50년이나 100년은 더 버틸 것"이라고 에리히 호네커 동독 사회주의통일당 서기장이 말하였다. 4월에 실시된 서독의 여론 조사에 따르면 약 반수가 서독은 동독을 흡수 통일하려는 정책을 포기해야 한다고 답했다. 그런데 그해 9월에 베를린 장벽은 무너졌고 독일은 통일되었다.

베를린 장벽의 붕괴는 어처구니없게도 동독 정치국원의 실언 한마디로 우연처럼 찾아왔다. 크렌츠 서기장하의 동독 공산당은 민주화 시위를 달래기 위해서 여행 자유화 법안을 만들어서 동서독 국경선 어디에서든 여행 신청을 할 수 있도록 했다. 동독 주민들 수십만 명이 평화투쟁을 벌이던 중인 1989년 11월 9일 귄터 샤보브스키 동독 정치국원이 기자회견장에서 국내외 기자들에게 뉴스 브리핑을 해주고 있었다.

이때 여행 자유화 법안의 내용이 전달되었고 이 법안 메모에는 구체적인 여행 자유화 규칙은 전국의 공안당국에 통보한 이후인 11월 10일에 발표될 것이라고 적혀 있었다. 그때 대본에 없던 질문을 받았다. "동독인들은 언제쯤 서독을 자유롭게 여행할 수 있느냐?" 그런데 전후 사정을 잘 모르는 샤보우스키는 이 메모를 무시하고 텔레비전 카메라를 향해서 "동독 주민들이 서독을 자유롭게 방문할 수 있다."라고 발표했다. 그 시점을 묻는 기자의 질문에 그는 "내가 알기로는 지금 당장(Ab sofort)"이라고 대답해버렸다. 사실 그는 개정된 여행법을 잘 모르고 있었다.

이 소식을 들은 흥분한 동독 주민들이 베를린 장벽으로 쏟아져 나왔고 결국 현장에서 장벽을 허물었다. 국경 초소의 경비병들은 아무런 사전

지침을 받아두지 않았다. 그렇다고 몰려드는 시민들에게 발포할 수도 없었고 실수로 빚어진 통제 불능 사태를 크렌츠 서기장은 하는 수 없이 기정사실로 받아들였다. 동독주재 소련대사는 항의했지만 흥분한 군중들은 베를린 장벽을 부수고 있었다. 베를린 장벽 붕괴를 촉발한 귄터 샤보브스키는 베를린의 한 요양원에서 86세의 나이로 세상을 떠났다.

『논어』에 나오는 말로 공자가 중유(仲由)에게 가르침에 대해 말했다.

지지위지지(知之爲知之) 부지위부지(不知爲不知) 시지야(是知也) : 아는 것을 안다고 하고, 모르는 것을 모른다고 하는 것, 이것이 아는 것이다.

알면서 모르는 척하는 것도 문제지만 모르면서 아는 척하는 것은 더 문제다. 설불리 아는 척을 했다가 미움을 받거나 망신을 당할 수 있고 큰 실수를 저지를 수 있다. 솔직하게 내가 모른다는 것을 인정하는 것이 오히려 모르는데 아는 척하는 사람보다 앞서갈 수 있다. 물어보면 될 것을 물어보지 않고 내 생각대로 했다가 시간적, 금전적으로 손해를 끼치게 된다.

세상의 수많은 지식을 내가 모두 알고 있을 수는 없다. 모른다는 것에 대하여 부끄러워하지 말고 모르면 반드시 물어보아야 한다. 모르는 것을 아는 척하고 있으면 주변 사람들은 당신에게 아무것도 가르쳐주지 않는다. 질문하고 배우지 않으면 당신은 점점 더 무식해질 것이다. 모르는 것은 모른다고 말해야 오해가 생기지 않는다.

05

감정만 상하는 쓸모없는 논쟁은 피하라

목계양도(木鷄養到)는 『장자(莊子)』의 「달생편(達生篇)」에 나오는 투계(싸움닭)에 관한 이야기에서 유래되었다. 중국의 제나라 왕이 투계를 좋아해서 기성자(紀渻子)란 사람에게 닭을 맡기며 최고의 투계를 만들어 달라고 하였다. 맡긴 지 열흘이 지나 왕은 기성자에게 닭이 싸우기에 충분한지를 물었다. 이에 기성자는 닭이 강하긴 하지만 교만해서 안 된다고 하였다. 열흘이 지나 왕이 다시 물었다. 그러자 기성자는 교만함은 버렸는데 조급함을 버리지 못해서 안 된다고 하였다.

왕은 다시 열흘을 더 기다렸다가 물었다. "닭이 싸우기에 충분한가?"

왕이 또 묻자 기성자는 상대방을 노려보는 눈초리가 공격적이어서 안 된다고 하였다. 그다음 열흘이 더 지나 드디어 이렇게 말하였다. "이제 된 것 같습니다. 다른 닭이 아무리 소리를 질러도 아무 반응이 없는 나무로 조각한 목계(木鷄)와 같이 되었습니다. 어느 닭이라도 그 모습을 보면 도망갈 것입니다."

이 일화에서 말하는 최고의 투계는 목계이다. 최고의 리더는 일희일비(一喜一悲)하지 않고 자신의 감정을 다스릴 줄 안다. 목계처럼 교만함과 조급함, 상대방에 대한 공격적인 눈초리를 거두고 상대방의 말에 귀를 기울인다. 목계는 수양이 높고 점잖은 사람을 의미하는데 문장과 학식이 높을 뿐만 아니라 배우고 깨달은 바를 활용하고 실천한다.

말이 많아서 감정만 상하는 쓸모없는 논쟁을 벌이지도 않고 나무 닭처럼 항상 평정심을 유지한다. 싸움닭이 훈련 과정을 거쳐 최고의 투계가 되는 것처럼 사람도 수양을 쌓아야 완전한 덕을 지니게 된다. 상대방의 말을 경청하는 사람은 쓸데없이 타인과 말싸움을 벌이지 않는다. 내 논리에 강한 확신을 가진 사람은 다른 사람의 말을 잘 듣지 않으려는 경향이 있다.

인간관계의 바이블이라고 할 수 있는 『인간관계론』의 데일 카네기는 논쟁으로는 결코 이길 수 없다고 주장하였다. 논쟁에서 이기는 방법은 단 하나밖에 없는데 바로 논쟁을 피하는 것이라고 하였다. 논쟁(論爭)은 사전적 의미로는 서로 다른 사람들이 자신의 의견이나 생각을 말이나 글로 논하여 다투는 것이다. 상대의 오류를 반박하고 반론을 제기하고 티격태격하며 다투는 것이다.

논쟁을 통해 사람의 마음이 바뀌지는 않는다. 논쟁은 말을 사용하든, 글로든 다투는 것이기 때문에 이기는 사람과 지는 사람이 있기 마련이다. 그렇지만 논쟁에서 내가 상대보다 유리한 위치를 점령하거나 이겼다고 해도 그건 이긴 것이 아니다. 자존심에 상처를 입은 상대방은 당신을 괘씸하게 볼 것이고 언젠가 당신의 코를 납작하게 해주겠다며 칼을 갈 것이다.

우리 주변에 말 잘하는 사람 한두 명은 있다. 간혹 물어보지도 않았는데 자신이 그 문제의 전문가인 척 아는 척을 하며 끼어든다. 이 사람들은 가족이나 친구, 직장 관계에서 무슨 문제만 있으면 나서서 선생님이 되려는 욕심을 부린다. 그 사람들은 어떤 누구와 이야기를 하든 자신은 절대 설득당하지 않고 내가 그 사람을 설득할 수 있다고 자신만만한 태도를 보인다.

자신이 틀렸다 혹은 틀릴 수도 있다는 것을 인정하지 않는다. 하지만 말을 잘한다고 해서, 논쟁으로 설득을 잘한다고 해서 상대의 마음을 얻을 수 있는 것은 아니다. 말끝마다 미주알고주알 따지는 사람과 인간관계를 오래 유지하고 싶은 사람은 없다. 사람들은 오히려 그런 사람들을 피곤해하고 피하게 된다. 말발이 약해 그 사람의 논리에 억지로 설득을 당한 경우, 겉으로는 말 잘하는 사람의 논리에 설득당한 것처럼 보여도 속으로는 '그래도 내 생각이 옳다.'라고 생각한다.

이 사람은 이제 당신이 하는 말에 반감과 증오심만 갖게 되고 아무리 훌륭한 말로 설득해도 설득당하지 않는다. 논쟁은 자신들의 의견이 옳다는 사실만 더욱 확고히 하고 끝나는 경우가 대부분이다. 논쟁하기 좋아하는 사람은 독불장군인 경우가 많다. 다른 사람과 협력해서 무엇을 이룬다는 것은 상상하기 어렵다. '내가 맞고 남은 틀리다. 그래서 가르쳐줘야 한다.'라고 생각하며 가르치고 설득하려고 한다.

상대방의 의견을 무시하고 존중하지 않으며 자신이 맞는 것을 설득하려고 온갖 이유를 대며 합리화시키기 바빠서 상대방과 전혀 공감대가 형성되지 못한다. 인간관계에서 공감은 필수인데 언제나 자기 방식을 고집하고 상대방에게 자기의 생각을 주입시키려고 하기에 끊임없이 갈등을 유발한다.

가정에서도 논쟁은 마찰만 일으킨다. 남편과 아내가 각자 자신의 논리를 내세우며 상대방을 조정하려고 할 때 가정불화가 생긴다. 누가 틀리고 누가 옳다고 논쟁해봤자 반드시 어느 한쪽의 기분이 상하는 것으로 논쟁은 끝나버린다. 부부싸움은 '칼로 물 베기'라고 하는데 이기는 사람이든 진 사람이든 둘 다 똑같이 소용없는 일에 시간과 에너지를 낭비하는 것이다.

남편과는 결혼 초기부터 갖가지 문제로 수도 없이 논쟁을 일삼았다. 시댁과 친정 문제, 습관과 생활 방식의 차이, 자녀 양육 문제로 부딪치고 잦은 의견 충돌로 감정이 상하였다. 둘 다 잘해보자, 더 나은 방법을 찾아보자는 이유였겠지만 논쟁은 어느 쪽에게도 보탬이 되지 않았다. 의견 충돌로 누구나 다툴 수 있고 가족 역시 예외는 아니다. 대신 욱하는 마음에 서로에게 상처가 되는 말과 과격한 행동은 절대 해서는 안 된다.

남편과 불필요한 갈등을 겪게 되면 싸움으로 번진다는 것을 알았으니 이제 논쟁을 벌이기보다 입을 다물고 조용히 그 자리를 피한다. 내가 맞네, 네가 맞네 하고 언쟁을 해봐야 서로 감정만 상하고 아무것도 변하지 않는다는 것을 알았기 때문이다. 수많은 사람과 어울려 살다 보면 가족과 마찰이 생기는 것은 물론이고 다른 사람들과 이해관계 면에서 얽히게 된다.

자기와 가장 가까운 가족과의 마찰도 어쩔 수 없으면서 자신과 의견이 완전히 다른 사람들을 만났을 때 설득할 수 있을까. 가족은 논쟁에서 이겨야 하는 대상이 아니라 이해하고 사랑으로 품어야 할 대상이다. 상대방을 자신만의 논리를 내세워 억지로 설득할 것이 아니라 진정으로 이해시키고 싶다면 온화한 미소와 우호적인 친절만이 답이 될 수 있다.

링컨 대통령이 비서실로 들어오고 있었다. 비서들 사이에 긴 다리와 짧은 다리 중 어떤 다리가 더 보기 좋은지를 놓고 쓸모없는 논쟁을 벌이고 있었다. 키가 큰 사람들은 긴 다리가 보기 좋다고 하였고 키가 작은 사람들은 짧은 다리가 보기 좋다고 우겼다. 한 비서가 링컨을 보고 재빨리 자신의 편을 들어줄 것을 기대하고 물었다.

"대통령 각하, 사람의 다리가 긴 것이 보기 좋은가요, 아니면 짧은 것이 보기 좋은가요? 아무래도 긴 다리가 낫겠지요?"
그는 링컨 대통령처럼 다리가 긴 사람이었다. 링컨은 웃으면서 그에게 이렇게 말했다.
"그야, 사람의 다리가 엉덩이에 붙어 있고, 땅에 닿을 수 있으면 다 보기 좋지요."

"훌륭한 사람이 되고자 결심한 사람일수록 사사로운 언쟁으로 시간을 낭비하지 않는다. 사사로운 일들은 크게 양보하라."
— A.링컨(미국의 16대 대통령)

사람들은 종종 강한 말이나 그럴듯한 말로 이야기해야 상대방을 설득할 수 있다고 생각한다. 막힘없이 나오는 말로 상대방의 기를 꺾어 자신의 주장을 관철하려 한다. 하지만 힘으로는 절대 사람의 마음을 바꿀 수 없다. 힘으로 제압하면 변방을 얻지만, 덕을 행하면 천하를 얻는다는 말이 있다. 설득은 상대에 관한 정보를 파악하고 공감하고 받아들이는 것에서 시작된다. 어떻게든 상대방의 기부터 꺾으려고 할 것이 아니라 상대가 무엇을 원하는지 무엇을 필요로 하는지를 파악해야 한다.

감정만 상하는 논쟁으로 시간을 허비하지 말아라. 쓸모없는 일에 시간을 낭비하지 말아라. 그 시간에 상대의 말에 바짝 귀를 기울여라. 상대방을 모르고선 설득할 수 없다. 훌륭한 리더는 자신이 이끄는 사람들의 말을 경청하고 공감 능력을 소유한 사람들이다. 사람의 마음을 얻는 일은 끝이 없는 노력과 수양이 필요한 어려운 일이다.

06

내가 원하는 것을 얻기 위해 먼저 주어라

"그러므로 무엇이든지 남에게 대접을 받고자 하는 대로 너희도 남을 대접하라 이것이 율법이요 선지자니라"

— 마태복음 7장 12절

상대에게 받고 싶은 것이 있다면 상대에게 내가 먼저 주어야 한다. 상대가 나에게 무언가를 해줄 때까지 기다리지 말고 내가 상대보다 먼저 움직이고 베풀라는 뜻이다. 그러면 마음이든 물질이든 정보이든 배가 되어 반드시 나에게 다시 되돌아온다. 내가 하기 싫은 일은 남도 마찬가지로 하기 싫다. 내가 좋아하는 일은 남도 좋아한다.

하기 싫은 일을 남에게 억지로 시키지 말고 남들과 함께 좋아하는 일을 하라. 내가 먼저 베풀면 부메랑이 되어 선한 일로 돌아오고 남에게 인색하게 굴면 내가 누군가의 도움이 필요할 때 아무도 나에게 손 내밀지 않는다. 우리 인생은 부메랑이다. 그러니 내가 상대에게 대접받고 싶다면 먼저 대접해주어야 한다.

부메랑(boomerang)은 오스트레일리아 서부 및 중앙부의 원주민이 사용하는 무기의 하나로 활등처럼 굽은 막대기이다. 새나 작은 짐승을 사냥할 때 사용하던 도구로 목표물을 향해 던지면 회전하면서 날아가고 목표물을 치고 다시 되돌아온다. '부메랑 효과'는 내가 뿌린 대로 거둔다는 말이다. 인생의 모든 것이 부메랑이라고 해도 지나치지 않다.

남에게 베푼 친절은 작든 크든 어떤 형태로든지 반드시 나에게 되돌아온다. 그것은 어떤 보상이나 기대를 하지 않고 자원할 때 더욱 값지고 귀한 열매를 맺게 된다. 아무리 비옥한 땅에 씨를 뿌려도 농부가 가꾸고 돌보지 않으면 열매를 맺을 수 없고 아무런 수확을 얻을 수 없다. 사람이 사는 일도 마찬가지이다. 성공하고 싶다면 시간과 재능, 열정을 바쳐야 한다. 목표와 계획을 세우고 한눈팔지 말고 노력을 쏟아야 한다.

그럴 때 성공이라는 열매를 거둘 수 있다. 세상에는 주고받는 '기브앤테이크'의 법칙이 있다. 주고받고 오는 것이 있으면 가는 것도 있는 법이다. 창업이든 취업이든 성공이든, 연애든 결혼이든 어차피 모두 똑같다. 긍정적인 것을 심으면 긍정적인 피드백을, 부정적인 것을 심으면 부정적인 피드백을 받는 것은 당연한 세상 이치이다.

이솝우화에 여우와 두루미 이야기가 나온다. 여우와 두루미는 친구였다. 어느 날 여우가 두루미를 자신의 집으로 초대해서 음식을 대접했다. 그런데 여우가 납작한 접시에 수프를 담아 두루미 앞에 놓았다. 하지만 두루미는 자신의 긴 주둥이로 납작하고 미끄러운 접시에 담긴 수프를 먹을 수 없었다. 두루미는 결국 아무것도 먹지 못하고 집으로 돌아왔다. "흥, 나를 골탕 먹이려고 일부러 초대한 거였군. 어디 두고 보자."

며칠 뒤 두루미도 여우를 집으로 초대해 맛있는 수프를 대접했다. 두루미는 목이 긴 호리병에 수프를 담아 여우 앞에 놓았다. 이번에는 입이 뭉뚝한 여우가 음식을 하나도 먹지 못하고 돌아왔다. 여우는 생각했다. '지난번 일로 나한테 복수한 거군. 당해도 싸지.' 여우는 상대의 약점을 이용해 골탕 먹이려다 두루미에게 똑같이 당한 것이다.

탈무드에는 착한 농부 이야기가 나온다. 어느 마을에 인심 많고 부지런한 농부가 살고 있었다. 열심히 일해서 농부는 부자가 되었고 불쌍한 사람들에게 곡식을 아낌없이 나눠주었다. 그런데 어느 날 밤새 내린 비에 강물이 넘쳐 마을에 물난리가 났고 농부의 집과 곳간이 물에 떠내려 가 버렸다. 마을 사람들은 "복을 받으셔야 할 분이 빈털터리가 되었으니 이를 어째요?"라고 하면서 안타까워했다. 농부는 다시 열심히 일했다.

 가족과 함께 들판으로 나가 곡괭이로 땅을 일구고 씨앗을 심었다. 그 러던 어느 날 땅속에서 뭔가 툭 하고 걸려서 보니 그것은 상자의 모서리 였다. 농부는 가족을 불러 커다란 상자를 땅 위로 꺼내서 뚜껑을 열었다. 상자 안에는 온갖 보물들이 가득 차 있었다. 농부는 전보다 더 큰 부자가 되었고 마을 사람들은 이렇게 말했다. "하늘은 착한 사람에게 복을 내린 다." 사람들은 가는 곳마다 농부의 이야기를 하며 선행을 칭찬했다.

 자신이 가진 것을 나누려 하면 살짝 아깝다는 생각이 들기도 한다. 하 지만 나누면 나눌 때 얻는 기쁨이 그 무엇보다 크다는 것을 알게 된다. 사랑도 받는 것보다 주는 사랑이 더 크게 느껴진다. 어떤 사람은 남에게 호의를 베풀 때마다 대가를 바라고 상대에게 '너는 내게 빚을 졌어.'라는 빚쟁이 타이틀을 걸어준다. 하지만 아무것도 바라지 않고 기억하지 않는 사람도 있다.

 예수님은 "너희가 거저 받았으니 거저 주라"(마태복음 10장 8절 하)고 말씀하셨다.

"또 그 집에 들어가면서 평안하기를 빌라 그 집이 이에 합당하면 너희 빈 평안이 거기 임할 것이요 만일 합당하지 아니하면 그 평안이 너희에게 돌아올 것이니라 누구든지 너희를 영접하지도 아니하고 너희 말을 듣지도 아니하거든 그 집이나 성에서 나가 너희 발의 먼지를 떨어 버리라"

– 마태복음 10장 12~14절

내 손안에 아무것도 가진 것이 없는 사람이라도 살아가면서 정말 중요하고 필요한 것은 이미 다 가지고 있다. 우리는 세상에 태어나면서 생명을 거저 받고 해와 달과 공기와 하늘과 바다와 바람과 별빛을 거저 받았다. 그리고 시간이란 것을 누구나 똑같이 공평하게 거저 받았다.

하루 24시간 동안 누구는 빈둥거리고 투덜거리며 쓸데없는 일에 시간을 허비한다. 누구는 열심히 노력하고 부지런히 일해서 성공을 거머쥔다. 그런 사람들은 시간을 함부로 낭비하지 않는다. 모든 것은 지나간다. 내가 책을 쓰고 있는 2021년 여름도 지나간다.

살면서 정말 소중한 것은 대가 없이 모두 거저 받았다. 감사는 감사할 때 감사할 일이 생긴다. 살아 있다는 것을 감사하고 따스한 햇빛을 감사하고 맘껏 숨 쉴 수 있는 공기를 감사하고 나에게 주어진 시간을 감사할 줄 알아야 그것을 온전히 누릴 자격도 있다. 내가 거저 줄 수 있는 것은 무엇이 있을까? 그것은 돈이 들지 않는다. 바로 따듯한 마음과 말이다. 성경 말씀에서도 이웃에게 평안을 빌라고 하였다.

합당하지 않으면 평안을 빌어 준 나에게로 그 복이 다시 돌아온다고 하였다. 사람들이 듣기 싫어하는 말은 무례하고 남을 배려하지 않고 함부로 내뱉는 말이다. 그런 말을 들으면 사람들은 상처를 받고 분노하고 좌절한다. "때린 놈은 다리를 못 뻗고 자도 맞은 놈은 다리를 뻗고 잔다." 라고 하였다.

남의 기분을 상하게 하고 상처를 주면 내 마음도 편하지 않고 언제나 찜찜하다. 반대로 정중하고 공손하고 예의 바르고 친절한 말 한마디는 누군가의 인생을 바꾸기도 한다. 숨어 있던 잠재력을 끄집어내고 사기를 진작시키며 할 수 있다는 용기를 샘솟게 한다. 내가 원하는 것을 얻기 위해서는 겸손해야 한다. 교만하고 거만한 사람 주변에는 사람들이 모이지 않는다.

언론을 통해 알려진 실화로 미국의 어느 작은 슈퍼마켓 이야기이다. 어느 날 지하에 있던 슈퍼마켓에 정전이 되어 주위가 칠흑같이 어두워졌다. 더 큰 문제는 계산기도 작동하지 않고 언제 다시 전기가 들어올지 모르는 상황이었다. 어둠 속에서 계산을 기다리던 손님들이 웅성대기 시작하자 슈퍼마켓 직원이 이렇게 말했다.

"정전으로 불편을 끼쳐드려 대단히 죄송합니다. 전기가 언제 들어올지 알 수 없으니 바구니에 담으신 물건들은 그냥 집으로 가져가십시오. 그리고 그 물건값은 여러분이 원하는 자선단체에 기부해주십시오. 모두 안전하게 나갈 수 있도록 제가 도와드리겠습니다. 조심해서 따라오십시오."

손님의 안전을 먼저 생각한 직원의 조치에 대하여 칭찬이 잇따랐다. 이날 나간 상품 금액은 대략 4천 달러였다. 그런데 이 일이 일주일간 언론에 노출되며 회사는 선하고 긍정적인 이미지를 얻었고 얻은 광고 효과는 무려 40만 달러에 이르렀다고 한다.

하나님 나라의 백성들은 남을 도울 때 계산기를 두드리지 않는다. 무엇인가를 얻고자 과하게 욕심을 부리면 오히려 더 많은 것을 잃게 된다. 하지만 손해를 감수하고 내어주면 더 많은 것을 얻는 경우를 우리는 종종 보게 된다. 꼭 내가 원하는 것을 얻기 위해서가 아니어도 먼저 주면 후하게 되어 흔들어 넘치도록 받게 된다.

"비판하지 말라 그리하면 너희가 비판을 받지 않을 것이요 정죄하지 말라 그리하면 너희가 정죄를 받지 않을 것이요 용서하라 그리하면 너희가 용서를 받을 것이요. 주라 그리하면 너희에게 줄 것이니 곧 후히 되어 누르고 흔들어 넘치도록 하여 너희에게 안겨 주리라 너희가 헤아리는 그 헤아림으로 너희도 헤아림을 도로 받을 것이니라"

– 누가복음 6장 37~38절

상대의 마음 상하지 않게 똑똑하게 거절하는 법

"겸손한 사람이 되기 위해서 남의 발밑에 깔릴 필요는 없다."

– 마야 안젤루(Maya Angelou, 시인)

경희 씨는 어떻게 하면 주변 사람들을 실망하게 하지 않고 밀려드는 일을 거절할 수 있을지가 가장 큰 고민이었다. 머리로는 '아니오' 하는데 입으로 그 한마디를 하지 못해서 언제나 밀려드는 일에 치여 이리 뛰고 저리 뛰고 있었다. 경희 씨는 '예스맨'이었다. 웬만하면 '좋은 게 좋은 거다.' 하면서 참아 넘겼다. 자기만 참고 넘어가면 서로 얼굴 붉힐 일이 없고 상대를 실망하게 할 일이 없으니 조금 손해를 보더라도 그 편을 택했다. 이럴 땐 그냥 솔직하게 나의 상황을 이야기해야 무턱대고 일을 떠맡아서 후회할 일이 생기지 않는다. '아니오'라는 말이 어렵다면 용기를 내서 이렇게 말해보자.

"나를 믿고 일을 맡겨줘서 고마워요. 나도 당신을 도와주고 싶은데 지금은 일이 너무 많아서 도와줄 수가 없어요. 미안해요."

'고맙다.'와 '미안하다.'라는 말로 부드럽게 거절하는 것이다. 처음부터 단호하게 '아니오.'라고 하면 당신의 상황이 어떤지 알 수 없는 상대는 기분이 상할 수도 있다. 보통 '예스맨'들은 바로 이점, 상대의 기분이 상할까 봐 자기가 손해를 감수하는 쪽을 택해서 무턱대고 '예스.'라고 하는데 '미안하다.'라는 말조차도 안 나온다면 '잠깐 생각할 시간이 필요하다.'라고 대답을 하는 것이다.

'모르는 것을 모른다.'라고 말해야 오해가 생기지 않는 것처럼 '할 수 없는 것을 할 수 없다.'라고 이야기해야 일이 쌓여가는 것을 사전에 방지할수 있다. 누군가가 나를 믿고 일을 맡겨주는 것은 고마운 일이다. 하지만 거절하기 미안해서 '할 수 있다.'라고 했다가 막상 그 일을 하지 못하면 오히려 처음보다 더 미안해질 수 있고 상대를 곤란하게 할 수 있다. 나를 신뢰하는 상대의 믿음에 반하게 된다. 살아가면서 '신뢰'와 '신용'은 너무 중요하다. 한 번 깨진 믿음은 돌이키기가 어렵다는 사실을 우리는 잘 알고 있다.

보통 여자아이들은 자랄 때 '착한 아이 신드롬'에 사로잡히기 십상이다. '착한 아이 증후군'이라고 부르기도 한다. 나는 이미 한계점에 도달했는데도 상대를 실망하게 할 수가 없어서 '네, 가능해요.', '그렇게 하세요.', '알았어요. 괜찮아요.'라고 말하고 웬만하면 모든 것을 참고 넘어간다. 사실은 불가능하고 괜찮지 않으면서 억지로 미소를 지으며 대답하곤 한다.

착한 아이 증후군은 어른이 되어서도 자신의 감정을 솔직히 표현하지 못하고, 타인에게 착한 사람으로 남기 위해 욕구나 소망을 억압하면서 지나치게 노력하는 것이다.

정신분석학에서는 어린 시절 주 양육자로부터 버림받을까 봐 두려워하는 유기공포(fear of abandonment)가 심한 환경에서 살아남으려는 방어기제의 일환으로 본다.

부모와 정서적인 관계를 제대로 맺지 못한 아이는 부모의 말을 듣지 않으면 부모가 자신을 사랑하지 않을지도 모른다는 불안감에 떨게 되고 이

때문에 '착한 아이'를 연기하게 된다고 한다. 나를 희생하는 것이 습관이 되다 보면 끝도 없이 희생해야 한다. 가끔 상대의 약점을 이용해서 이를 이용하려는 사람이 있다. 막무가내로 부탁이 아니라 강요하는 사람들에게 더는 끌려다니지 말고 똑똑하게 거절하는 방법을 사용해보길 바란다.

하루아침에 되지는 않을 것이다. 어제까지 '네, 네.' 하던 사람이 갑자기 '아니오.' 하면 사람들은 '사람이 변했다.'라고 수군거릴 것이다. 하지만 신경 쓰지 말고 그냥 쿨하게 받아들여야 한다.

변하지 않으면 나만 힘들다. 무조건 거절하라는 것이 아니라 즉시 대답하지 말고 "생각해볼게요." 하거나 "스케줄 좀 보고 조금 있다가 대답해 드릴게요." 하면 된다.

행동 치료의 거장 조셉 월피(Joseph Wolpe, 행동 치료 전문가)는 인간관계의 세 가지 접근법에 대하여 이렇게 얘기했다.

첫째, 자기 자신의 이익과 입장만 생각해 그것을 앞세우는 것이다.
둘째, 늘 남을 자기보다 앞세우는 것이다.
셋째, 자신을 처음에 두고 남들 또한 고려하는 것으로, 이것이 가장 이상적이다.

그래도 상대가 막무가내로 고집을 피운다면 이렇게 말하는 것이 좋다.

"제가 할 수 있는 일이라는 건 알아요. 그런데 내일까지 마감해야 하는 일이 있어서 벌써 일주일째 야근하는 중이에요. 저는 지금 조금 지쳤어요. 일단 저는 이 일을 끝내는 것이 중요해요. 그리고 독박육아로 투덜거리는 아내에게 이번 금요일까지만 참아달라고 얘기했어요. 주말이 지난 뒤에도 제 도움이 필요하다면 제가 할 수 있는 한 최대한 도와드릴게요."

단호하게 거절하면 좋겠지만 인간관계에서 그러기는 사실상 어렵다. 자신의 상황을 솔직하게 이야기하고 상대의 상황도 공감을 해주면 상대의 원망을 사는 일은 피할 수 있다. 내 상황이 이미 포화 상태인데 무턱대고 수락하면 양쪽 모두 큰 낭패를 당할 수 있다. 상대의 마음을 상하게 하고 싶지 않아서 할 수 없는 걸 할 수 있다고 하는 것은 자기 자신에게 거짓말을 하는 것이다.

내가 어려움을 이야기하는데도 막무가내로 고집을 부리는 사람의 부탁은 사실 단호하게 '아니오.'라고 하는 편이 나을지도 모르겠다. 이런 사람은 내가 어려울 때 도움을 청하면 대부분 거절할 사람들이다. 상대에게 무조건 맞추다 보면 어느새 나는 착한 사람이 아니라 우유부단한 사람, 실속 없는 사람이 되기 쉬워진다. 가끔은 껄끄러운 말도 할 줄 알아야 사람들에게 호구로 인식되지 않는다.

'착한 아이 증후군'에 걸린 사람들은 상대의 부탁을 거절하는 것에 대하여 죄의식을 느낀다.

자기 자신 혹은 가족이나 친구, 친한 사람 중에 혹시 누군가 '착한 아이 증후군'을 앓는 사람이 있다면 다음과 같은 방법으로 도움을 줄 수 있다.

첫째, 자신(가족, 친구 등)을 있는 그대로 인정하고 수용하는 일관적인 태도를 보인다.

둘째, 부정적인 감정을 적절하게 표현할 수 있도록 도와준다.

부정적인 감정을 그냥 끌어안고 있는 것은 언제 터질지 모르는 시한폭탄을 몸에 지닌 것이나 마찬가지다. 부정적인 감정이 무조건 나쁘다고 생각하는 건 옳지 않다. 표현하지 못하고 무시하면 자꾸 쌓이게 된다. '무슨 수가 있겠지.', '어떻게든 되겠지.' 하는 생각은 자신을 좀먹는 것이다. 먹는 것을 조절하지 않으면 '소화불량'에 걸리게 된다. 그것처럼 우리의 부정적인 감정도 표현해야 조절이 된다. 자기 자신을 소중하게 생각해야 '착한 아이 증후군'에서 벗어날 수 있다.

정용실은 그의 저서 『공감의 언어』에서 "좋은 친구 사이란, 듣기 좋은 말로 비위만 맞춰주는 관계가 아니다. 그 사람을 위한 말이라면 다소 불편하더라도 해야 한다."라고 말했다.

불편한 소통도 할 줄 알아야 한다. 만약, 내가 신세를 지고 있거나 부탁을 받았던 경험이 있다면 얼굴을 맞대고 거절하기가 어려운 일일 수 있다. 하지만 첫째도 둘째도 '나 자신'을 먼저 생각하고 '침착하게 시간을 가져라.' 대개 이런 부탁을 받으면 마음속으로 갈등하게 된다.

일단 시간을 갖고 마음의 평정을 되찾고 메모지를 들고 지금 당장 해야 할 일부터 적어라. 내가 지금 당장 해야 할 일과 해야 할 일의 순서를 정하는 것이다. 만약 도저히 거절할 수 없는 처지라면 상대도 나도 모두에게 플러스가 되는 조건을 제시하는 것이 좋다.

'제가 지금 이 일 때문에 좀처럼 시간이 나지 않습니다. 이 일의 전문가라고 들었는데 저를 조금만 도와주시면 금방 끝낼 수 있을 것 같습니다. 시간을 조금만 주시면 성심성의껏 도와드리겠습니다.'

이렇게 말을 하면 상대의 부탁을 거절한 것도 아니고 나도 시간을 벌었으니 마음에 한결 여유가 생긴다. 그리고 아무래도 무리라고 생각이 되면 그땐 솔직하게 이야기하고 시간이 지나면 반드시 연락해서 그 일이 어떻게 되고 있는지 물어라.

상대방도 시간이 조금 지나면 마음이 누그러지고 냉정해졌을 것이다. 모호한 태도로 부탁을 들어줬다간 아무것도 해결하지 못하고 더 큰 손실을 끼칠 수 있다.

- 5장 -

아무리 유능한 사람도 적이 많으면 성공할 수 없다

01

인생을 바꾸고 싶다면 말부터 바꿔라

"당신이 생각하고 있는 말을 1만 번 이상 반복하면 당신은 그런 사람이 된다."

— 아메리카 인디언의 속담

세상의 모든 동물은 각자의 방법으로 의사소통을 한다. 그중 인간이 동물과 구별되는 요소 가운데 하나는 언어를 가졌고 의사소통을 위해 언어를 사용한다는 것이다. 인간은 동물과 달리 높은 수준으로 생각할 수 있는 능력을 소유하고 있다. 인간만이 사용하는 언어, 말에는 '성취력'이라는 힘이 있다. 말하는 대로 되며 말이 그대로 현실이 된다.

미국의 뇌 전문 학자들의 연구에 의하면 "인간의 뇌세포 230억 개 중 98%가 말의 영향을 받는다."라고 하였다. 어떤 말을 하느냐에 따라 그 사람의 뇌 구조가 달라진다고 한다. 어떤 사람이 될지, 어떤 인생을 살지 내가 사용하고 있는 말로 내 운명이 결정된다. 우리 인생은 말대로 되고 말이 씨가 되어 열매를 맺는다.

말을 잘해야 하고 이왕이면 '되는 말', '잘되는 말', '살리는 말'을 해야 한다. 누구나 잘 알고 있는 사실이지만 우리는 말의 중요성을 너무 쉽게 간과한다. 무일푼에서 백만장자가 된 사람들은 대부분 확실한 성공의 비결을 갖고 있다. 그것은 긍정적인 말이 가져오는 변화의 힘을 믿는 것이다. 그들은 말의 '성취력'을 제대로 믿는다.

'말이 가진 힘'의 중요성을 잘 알고 있는 성공하는 사람들은 긍정적인 말을 하고 말의 힘을 우습게 여기는 사람들은 부정적인 말을 한다. 우리는 세상에 살고 있고 수많은 사람과 어울리고 인간관계를 맺기 위해 말을 사용한다. 말의 '영향력'을 생각한다면 긍정적인 말을 하도록 의식적으로 노력해야 한다. 긍정적인 말은 우리 삶에 많은 좋은 것들을 가져다 줄 것이다.

"매일 사소한 습관의 반복이 만성적인 병을 만든다. 그와 마찬가지로 마음의 습관적인 반복이 영혼을 병들게도, 또 건강하게도 만든다. 하루에 열 번 주위 사람들에게 냉담한 말을 퍼부었다면 오늘부터는 하루에 열 번 주위 사람들에게 기쁨을 안겨주는 말을 건네보라."

– 프리드리히 니체

말은 우리의 건강에도 영향을 미친다. 미국 위스콘신주의 한 병원에서는 치료 불가능한 암 환자에게 하루 10분씩, 세 차례 정도 "난 깨끗하게 치료되었어. 난 다 나았어!"라고 말하는 언어치료법을 권했는데, 놀랍게도 3주가 지난 후에 완치되었다고 한다. 언어는 우리의 의지를 일으키는 데 가장 강력한 힘을 발휘하는 도구이다.

반대로 어느 과학 집단의 연구 결과에 의하면 "나는 이제 죽을 거야."라는 말을 되풀이하면 뇌에서 그 말을 받아 온몸의 세포들에게 "주인이 죽는다고 하니, 모든 세포는 죽을 준비하라."라는 명령을 내린다는 것이다. 어떤 환자는 죽고 어떤 환자는 산다. 살고자 하는 강렬한 의지가 있고 삶에 대한 긍정적 태도를 보이는 환자는 산다.

나를 바꿀 수 있는 사람은 나밖에 없다. 자신도 모르게 자기가 말한 대로 행동하고 그 행동의 결과가 쌓여 지금(현실)의 내가 있는 것이다. 심은 대로 거두는 게 어디 농작물뿐일까? 영국의 철학자 허버트는 "말하기 전에 두 번 생각하라."라고 했다. 말 하나로 사람이 죽고 살기도 하기에 언제나 말을 조심해야 하고 심사숙고해야 한다. 한번 내뱉은 말은 주워 담을 수 없다.

말은 곧 나다. 말은 말을 하는 그 사람, 자신이다. 그래서 말에는 인격이 있다. 입에서 나오는 말로 나의 격이 달라진다. 말에는 그 사람의 인격과 품격이 담겨 있다. 그래서 조금이라도 말을 더 잘하고 싶어서 스피치 학원을 문턱이 닳도록 들락거리며 개인 교습을 받기도 한다. 하지만 들인 시간과 비용, 노력과 비교해 만족할 만한 성과를 얼마나 거두는 것일까? 말은 연습하면 잘할 수는 있지만, 저절로 그냥 나오는 것이 아니다.

성품, 인격, 가치관 등이 어우러져 나의 깊숙한 곳의 의식과 사고가 말로써 나오는 것이다. 겉모습을 아무리 비싼 명품으로 휘감아도 뭔가 아쉬운 사람이 있는가 하면 저렴한 옷을 입어도 귀티가 나는 사람이 있다. 그것은 바로 그 사람이 사용하는 말 때문이다. 저급하고 자극적인 언어를 사용하면 그 사람에게서 품격이 느껴지지 않는다. 입에 담기도 민망한 욕설을 달고 사는 사람 역시 마찬가지다. 이런 사람과 진지한 대화를 나누기란 불가능할 것 같다.

좋은 자리, 진지한 자리에 같이하고 싶은 사람을 떠올릴 때 입만 열면 저급한 표현에 시시껄렁한 농담이나 해대는 사람이 떠오르지는 않을 것이다. 당신은 아마도 이렇게 생각할 것이다. '괜히 그 사람 데려갔다가 나까지 가볍고 신중하지 못한 사람 취급당할 수 있지. 그러니까 이 사람은 안 되겠어.'

그 사람을 알고자 하면 친한 친구를 보면 알 수 있다. "끼리끼리 어울린다."라는 말이 있다. 내가 어떤 사람인지 알고 싶다면 가깝게 지내는 사람들이 어떤 사람인지 보면 알 수 있다. 특히 그 사람들의 언행은 나의 격, 나의 수준을 알려주는 안내판과 같다. 그것은 당신의 친구들에게도 마찬가지다. 품격 있는 사람이 되고 싶다면 나부터 격에 맞는 말과 행동을 해야 한다.

성공하는 사람은 꿈을 입으로 말한다. 꿈이 이루어지기 원한다면 꿈을 입 밖으로 끄집어내길 바란다. 부끄럽고 자신이 없어서 말을 못 한다면 그 꿈은 이루어지지 않을 확률이 높다. 시인하는 대로, 말하는 대로 된다고 했는데 무엇 때문에 눈치를 보고 내 꿈조차 말하지 못하나. 꿈을 말로 시인할 때 나도 모르게 말대로 행동하고 노력하고 드디어 꿈을 이루고 활짝 웃게 된다.

성공한 사람들이라고 해서 언제나 좋은 일만 일어나고 행운만 따랐던 것은 아니다. 그 사람들은 상황이 좋지 않을 때도 좌절하거나 부정적인 말을 하지 않았다. "나는 잘된다.", "나는 성공한다.", "할 수 있다."라고 말하며 스스로 자기 자신을 응원하고 좋지 않은 상황에서 벗어나기 위해 최선의 노력과 열정을 기울였다.

부정적인 상황에서도 받아들일 것이 있다. 문제점이 있다면 고치고 해결해야 한다. 그냥 무시하고 넘기면 앞으로 나아갈 수 없고 발전할 수 없다. 하던 일을 잠시 멈추고 '오늘 내가 어떤 말을 많이 했지?' 생각해보길 바란다. '오늘 이상하게 일이 꼬이네.', '진짜 힘들다.', '못 해 먹겠네.' 나도 모르게 이런 생각을 하고, 말하고 있지는 않은지. 내가 하는 어떤 일이 잘 안 풀리고 있다면 지금 당장 내가 하는 생각과 말, 행동을 점검해보면 된다.

A라는 사람은 부자가 되고 싶다고 했다. 그런데 빈둥거리며 노는 데 시간을 더 많이 쓰고 실패했던 이야기만 한다. B라는 사람은 건강해지고 싶다. 그런데 규칙적인 생활은 찾아볼 수도 없고 폭식과 폭음을 하고 술과 담배를 달고 산다. 두 사람은 부자가 되고 싶고 건강해지고 싶은 욕망과 욕구는 있는데 실질적으로 그것을 이루기 위한 말과 행동은 하고 있지 않다. 내가 원하는 것을 얻기 위해서는 선택과 집중을 해야 한다.

원하는 것을 이루기 위해서 내가 사용하고 있는 말이 내 운명을 결정한다. 피카소와 반 고흐는 모두 천재적인 화가이다. 그런데 피카소는 삼십 대 초반에 이미 백만장자가 되었고 화가로서 성공 가도를 달리며 점점 더 유명해졌다. 반면 반 고흐는 죽을 때까지 가난을 벗어나지 못했고 불행했던 그의 삶은 자살로 마감되었다. 두 사람의 성공과 실패에는 평소 그들이 자주 하던 말에서 비롯되었다. 피카소는 "나는 그림으로 억만장자가 될 것이다."라고 하였고 반 고흐는 "나는 이렇게 평생 비참하게 살다가 죽을 것이다."라고 하였다. 그들은 자신들이 평소 하던 말대로 살다가 갔다.

생각을 조심하세요, 언젠가 말이 되니까.

말을 조심하세요, 언젠가 행동이 되니까.

행동을 조심하세요, 언젠가 습관이 되니까.

습관을 조심하세요, 언젠가 성격이 되니까.

성격을 조심하세요, 언젠가 운명이 되니까.

— 마더 테레사

동료와 부하의 공을 가로채지 마라

직장인들의 이직 사유 중 하나가 바로 인간관계이다. 직장인들은 삶의 많은 시간을 대부분 직장에서 보내는데 마음에 맞지 않는 사람들을 매일 보며 오랜 시간 같이 일하는 것이 여간 스트레스가 아니다. 나를 불편하게 하는 그 사람이 사표를 내주면 너무도 고마울 것 같은데 그 사람은 그럴 생각이 하나도 없어 보이니 하는 수 없이 내가 사표를 제출한다. 절이 싫으면 중이 떠나는 것이다.

공공장소에서 지켜야 할 직장 매너와 에티켓이 있듯이 직장에서도 지켜야 할 매너와 에티켓이 있다. 그것은 동료와 부하의 공을 가로채지 않는 것이다. 원만한 직장생활을 위해서 꼭 필요한 것이니 기억하자. 사회에 첫발을 디딘 사회 초년생들이라면 더욱 슬기로운 직장생활을 위해서 매너와 에티켓을 몸에 익히는 것이 좋다.

직장생활을 짜증 나게 만드는 요인 중 하나는 얌체 직장 동료이다. 하루의 절반 이상을 같은 공간에서 지내다 보면 직장생활이 고문이 아닐수 없다. 뒷담화는 기본이요 이간질을 하는가 하면 내 입맛에 맞는 사람들과 그렇지 않은 사람을 갈라서 정치를 하려고 한다.

'샐러리닷컴'(Salary.com)에서 직장 내 '비호감' 동료를 정리해서 발표했는데 그중 하나가 승진을 위해 절친한 동료의 등에 칼을 꽂는 (backstabbing) 사람이다. 직장 내에서 정치하는 것이 꼭 나쁘다고 할 수 없지만, 어느 정도냐에 따라 동료들의 미움을 살 것이다. 내 아이디어가 아닌데도 내 것인 것처럼 포장하고 문제가 생겼을 때 잘못은 남에게 돌리고 공은 내가 받으려고 하는 심사이다.

꼭 남의 아이디어를 도둑질하지 않았다고 해도 같은 프로젝트에 참가한 동료를 높이 사고 칭찬해주지 않는 것도 문제다. 회사에 대한 불만을 같이 토로해놓고 자신은 빠지고 윗선에 일러바치는 것도 미움을 사는 지름길이다. 기만과 사내 정치로 사다리를 한두 계단 더 올라간다고 해도 언젠가는 나도 똑같이 다른 동료로부터 등에 칼을 맞을지 모른다. 조잡한 사람은 겉만 번지르르 한 것밖에 만들 수 없다.

직장생활을 좌우하는 가장 중요한 요소 중의 하나가 상사와의 관계에서 비롯되기 마련인데, 직장상사와 마음이 맞지 않는 경우 스트레스 강도는 더욱 세다. 상사가 자신의 공을 가로채는 경우 배신감과 분노를 느끼게 된다. 내 아이디어와 수고를 마치 자신의 아이디어인 것처럼 떠벌리고 내 수고를 이용해 자기의 몸값을 높인다면 그걸 지켜보는 일이 결코 기분 좋은 일이 아니다. 재주는 곰이 부리고 돈은 주인이 받는 허탈함을 느낀다.

몇 날 며칠 머리를 쥐어짜며 준비했는데 상사가 단번에 나의 아이디어를 무시하거나 설명할 기회조차 주지 않는다면 그것 또한 자존심이 상하고 보통 속상한 일이 아닐 수 없다. 드라마나 영화에서처럼 서류 용지를 면전에 획~집어던지고 쿨하게 사표를 제출하고 싶지만, 목구멍이 포도청이라 그건 그냥 상상으로나 가능한 일이다.

조관일의 『비서처럼 하라』에 의하면 상사도 부하직원과 경쟁한다고 한다. 지나치게 유능한 부하를 만나면 상사도 으레 경계심을 갖는다. 그것은 거의 본능적인 것으로 상사도 그냥 보통의 인간이라고 보면 된다. 뭐

어난 부하가 상사의 자리를 넘볼 수밖에 없으며, 그 부하 때문에 상사 자신의 빛이 퇴색할 수 있기 때문이다.

어느 회사, 어느 조직이든 고위층에 오른 간부들은 성취욕이 높은 사람들인데 나쁘게 말하면 욕심을 많이 내는 사람들이다. 반대로 부하나 후배를 잘 키워서 자리를 물려줬는데 그 이후에 배신감을 느낄 만큼 섭섭한 상황이 벌어지는 경우도 비일비재하다. 상사들은 보통 그런 경험에 익숙하다. 때문에, 유능한 부하보다 충성스러운 부하를 더 좋아하기도 한다.

취업포털 인크루트가 3040 직장인을 대상으로 '직장상사의 리더십'에 대해 물었다. 직장 상사에게 필요한 리더십의 덕목은 다음 세 가지가 주를 이루었다.

1) 팀원과의 수평적 소통 관계
2) 효율적인 업무 추진력
3) 팀원을 이끄는 강력한 카리스마

상사의 리더십에서 가장 중요한 것은 인간미가 반영된 수평적인 '소통'과 효율적인 업무 추진력, 즉 '역량'이었다. '직장상사 때문에 이직을 고려한 경험이 있다.'라고 응답한 직장인의 비율이 높게 나타났다. 그런데 흥미로운 점은 '현재의 직장상사가 새로운 비즈니스를 위해 함께 나가자.'라고 했을 때 '따라가겠다.'라고 응답한 비율도 높게 나타났다는 것이다. 아무리 어려워도 훌륭한 리더를 만나면 보람을 느끼기 마련이다.

리더는 지위나 특권이 아니라 책임을 지는 것이다. 뛰어난 리더는 항상 엄격하고 일이 잘못되어도 그 책임을 동료나 부하직원들에게 돌리지 않는다. 인간관계란 평소에는 그 진가가 드러나지 않는다. 모든 게 평온하고 정상적일 때는 인간관계 또한, 평탄하고 믿음직스럽다. 사람은 결정적인 순간과 맞닥뜨려봐야 안다. 그럴 때 그 사람의 진면목이 나타난다.

영화 〈명량〉은 이순신 신드롬을 일으키며 누적 관객 수 1,700만 명을 돌파한 우리나라 역대 최고 흥행 영화이다. '명량대첩'은 조선의 역사를 바꾼 중요한 전투였다. 이순신 주변에는 당대 최고의 인재들이 모여들었다. 이순신은 성과나 업적은 혼자 힘으로 이뤄낼 수 없다는 사실, 오직 사람을 얻는 것이야말로 모든 일의 성공의 열쇠가 된다는 사실을 알고 있던 리더였다.

명나라 수군 도독 진린은 조선 수군 및 육군과 연합해 순천 왜성에 웅거하던 고니시 유키나가를 사로잡으려고 고금도에 파견됐다. 진린은 포악하고 교만하며 가까이해서 좋을 것이 없는 안하무인이었다. 자기 부하들이 선조 임금이 보는 앞에서 조선 수령을 구타하는 것도 묵인했다. 임진왜란 초반부터 명나라 군대는 조선·명나라 연합군의 군령권(요즘말로 치면 전시작전통제권)을 행사하였다.

명나라 군대는 조선군과 백성들에게 민폐를 끼치고 관청은 물론 민가를 돌며 약탈을 일삼기도 하였다. 이름만 수군일 뿐 대규모 해상 전투를 해본 경험이 없어서 전투가 벌어지면 멀리서 팔짱만 끼고 바라보다가 승전하면 이순신과 조선 수군의 공을 가로채기 급급했다. 이순신은 그가 무엇을 원하는지 알고 있었다. 이순신은 전투결과보고서에 어느 군인이 어떤 전공을 세웠는지 상당히 세밀하게 기록하였는데 진린에게만큼은 전공을 양보하였다. 명의 수군이 조선 수군의 충실한 지원군으로 남게 하기 위해서였다.

이순신에게 중요한 것은 대의명분이나 공로를 인정받는 것이 아니라 적을 물리치고 나라를 구하는 것이었다. 이순신은 원정군의 대장과 작은 일로 대립하는 것을 피하고 중요한 일에서 그의 도움을 받기 위해서 양보하고 모든 명분과 공로를 그에게 돌렸다. 이순신은 진린을 싸움으로 끌어들여 빈약한 조선의 해상 장악력을 강화하기 위해 어쩔 수 없이 진린의 비위를 맞추고 협력 체제를 유지했다. 그는 적과 싸우기 전에 함께 싸워야 할 우군의 마음을 먼저 챙겼다.

너무 멀지도 가깝지도 않은 적당한 거리를 유지하라

우리는 태어나서 죽을 때까지, 아침부터 잠자리에 들기 전까지 끊임없는 인간관계 속에서 사람들과 어울리고 맞추며 살아간다. 때로는 사람들과 너무 가깝게 지내는 시간이 불편하기도 하다. 남들이 나를 어떻게 생각하는지, 어떤 평가를 나에게 내리는지 일일이 신경을 쓰다 보면 엄청난 스트레스가 된다.

좋든 나쁘든 공동체를 이루고 그 안에서 살아가기 때문에 어쩔 수 없이 사람들의 눈치를 보고 타인의 생각과 의견에 동조하며 살아간다. 그러다 보면 사람들과 의미 없는 대화를 이어가느라 시간을 낭비하기도 하고 나를 점점 잃어가고 소통이 아니라 고통을 느끼게 된다. 나쁜 관계는 끊어내야 한다. 하지만 그럴 수 없다면 거리를 두고 피해야 한다.

내 감정을 갉아먹는 사람들은 나를 병들게 한다. 가장 좋은 건 서로의 자율성을 침해하지 않고 약간의 간격을 두고 더불어 살아가는 것이다. 요즘처럼 바쁘게 살아가는 현대인들에게 한 박자 쉬어가는 여유를 가져다주자는 목적으로. '느림의 미학' 운운하며 '슬로우시티'라는 것이 생겼다. 마음의 여유가 없으니 사람들과 자꾸 부대끼고 거리 조절에 실패하는 것이다.

사람은 감정의 동물로 인간관계로 힘들어하는 대부분이 '감정' 때문이다. 기쁨, 슬픔, 두려움, 분노, 역겨움, 놀람은 '여섯 가지 기본 감정'이며 연구자들은 감정을 더 잘 이해하려고 그 외의 다른 감정들(부끄러움, 화남, 당황스러움, 경멸, 흥겨움, 자랑스러움, 행복, 즐거움, 지루함, 죄책감)도 연구하고 있다.

우리는 부정적인 감정을 마주하는 것에 두려움을 느끼고 불안을 떨쳐버리기 위해 술을 마시거나 친구를 만나서 수다를 떨거나 영화를 보거나 운동을 하거나 쇼핑을 한다. 하지만 그 효과가 오래가지는 못하고 어느 순간에 다시 찾아온다. 이런 감정에 휘말리지 않기 위해서는 내 감정들을 하나씩 읽어주고 서로가 잘 표현하는 연습을 해야 한다. 사람의 표정만 보고 어떤 감정인지 알아맞힐 수 있을까?

감정 카드놀이가 있다. 내 마음을 내가 잘 알아차릴 수 있는 놀이이다. 카드들을 마구 섞어서 뒤집어놓고 첫 번째 사람이 카드 하나를 집고 카드에 나타난 감정을 표정으로 흉내 낸다. 어떤 감정을 표현하는 것인지 나머지 사람들이 맞히는 것이다.

또 한 가지는 다음과 같다.

작은 카드에 다양한 감정 이름을 적고 그 카드들을 한 주머니에 넣는다. 첫 번째 사람이 카드 하나를 꺼낸 뒤, 그 카드에 적힌 감정과 어울리는 자신의 경험을 얘기한다. 단, 그 감정이 무엇인지 말해서는 안 되고 다른 사람들은 설명을 잘 듣고, 어떤 감정에 관한 이야기인지 알아맞히는 것이다. 내가 어떤 사람과의 관계에서 느끼는 감정을 정확히 알면 내가 무엇을 원하는지 알 수 있고 더는 상처받지 않고 '적당한 거리'를 지킬 수 있게 된다.

사람들과 너무 가까이 지내는 것이 스트레스가 되기도 하고 반대로 혼자 지내는 시간이 길어져도 좋지 않다. 여럿이 같이 있을 때와 혼자 있을 때를 적절히 조절하는 것이 바람직하다. 타인과 만나는 것은 자신을 성장시키고 새로운 나를 발견하는 계기가 되지만 사람들과 만나는 것이 항상 만족스러운 것은 아니다.

세상 사람들이 모두 나에게 친절하거나 우호적이지 않다. 인간관계의 거리 조절에 어려움을 느끼는 사람들은 '혼자 있을 자유'를 위해 '혼족'을 자처한다. 1인 가구는 더는 시골이나 도시의 홀로 된 노인 등을 가리키는 말이 아니다. 요즘 떠오르는 신조어인 '혼족'은 혼자서 일을 하고 혼자 밥을 먹고, 혼자 놀고, 혼자 쇼핑을 하고 혼자 여행을 간다.

복잡한 인간관계 속에서 필요한 것은 나의 정신건강을 지킬 수 있을 정도의 인간관계이다. 모든 사람을 이해하고 받아들일 준비가 되었다면 갈등은 생기지 않겠지만 그런 일은 거의 없다. 그러므로 타인과의 적당한 거리 유지와 관계 속에서 나를 지켜나가야 한다. 상처받을 것인지 상처받지 않을 것인지를 선택할 수 있는 나를 지키는 마음의 힘을 키워야 한다.

아이와 남편, 형제와 자매, 양가의 부모님, 남자친구와 여자친구, 매일 마주치는 직장의 상사, 동료, 선후배와의 의견 대립으로 우울, 불안, 분노, 무기력감 등을 호소하는 사례가 많다. 나와 매우 친밀하고 가까운 사람들인데 아껴주고 배려하기보다 지속해서 스트레스를 주고받는다. 이런 인간관계 때문에 우리는 울고 웃는다. 적당한 거리 유지는 내 마음을 불편하게 하는 사람과 편하게 어울릴 방법이다.

  가까운 사람이면 일수록 적당한 거리 두기를 유지해야 한다. 서로 간에 거리가 너무 '가까울 때' 문제가 생긴다. 가까운 사이기 때문에 언제나 서로를 다 안다고 착각을 하고 내 방식대로 이해하고 내 방식대로 판단한다. 가족이니까 다 이해할 거라는 생각으로 오히려 남보다 더 함부로 대한다. 가까운 사이일수록 신의와 예의를 갖추고 대화를 더 자주 나누고 상대의 의견을 물어야 한다.

  만남과 관계를 유지하는 일은 어렵고 힘들다. 가까워지는 일도 어렵지만, 적당한 거리가 필요할 때를 알아채는 것도 필요하다. 너무 가깝게 허물없이 지내면 오히려 관계가 오래가지 못한다. 친밀하지만 각자 다르다는 것을 인정하고 상대의 생각과 취향을 있는 그대로 존중해야 한다. 오래 유지되는 관계일수록 둘 사이에 보이지 않는 거리가 존재한다. 이 거리는 무엇이든 지날 수 있는 통로이다. 그 거리는 바로 배려와 상호존중이다. 너와 나 사이에 있는 거리 사이에 아무것도 지날 것이 없다면 그 인간관계는 이미 실패한 관계이다.

  유카와 히사코는 그녀의 저서 『적당한 거리를 두세요』에서 적절한 거리를 두는 것만이 사람이 마음 편하게 살아갈 수 있는 '최선의 방법'이라고 하였다. "거리를 두면 문제를 인식하는 관점이 바뀐다. 그리고 관점이 바뀌면 신기한 일이 벌어진다. 지금껏 아주 크고 중요하게 느껴졌던 일들이 그다지 심각한 문제가 아니었다는 사실을 깨닫게 되는 것이다."

새해가 되고 신학기가 되면 기분전환을 위해 청소부터 시작한다. 청소의 시작은 비워내는 것이다. 겨우내 구석구석 쌓인 먼지를 털어내고 쓸고 닦고 어지럽게 널려 있는 물건들도 각기 제자리를 잡고 깨끗이 정리한다. 세월의 숫자만큼이나 늘어간 물건들과 언젠가 쓸지도 모른다며 사용하지도 않을 물건을 잔뜩 모아두었다면 그것부터 비워내야 한다. 오래 묵고 지저분한 쓰레기로 변해 공간만 차지하기 때문이다.

현정 씨는 남편과의 가정불화에서 오는 스트레스로 마음이 공허하고 불안해질 때마다 심리적인 편안함을 위해 물건을 사들였다. 동네마트에서 배달시킨 물건, 홈쇼핑과 인터넷으로 시킨 물건들이 너저분하게 집 한구석에 쌓여가도 사놓은 물건을 잘 사용하지도 않았다. 뜯지도 않은 택배 상자들이 공간을 차지했지만, 정리하지도 않았고 사용하지 않는 물건을 버리지도 못했다.

버리지 못하는 것도 일종의 병이다. '저장 강박' 관념이 있는 현정 씨는 물건으로 집을 가득 채움으로써 심리적 만족과 위안을 얻기 때문에 물건을 버리는 일이 쉽지 않았다. 청소는 더러운 것을 깨끗하게 하고 삶을 쾌적하게 해준다. 버리고 비워내야 채울 수 있고 내 영혼의 먼지(두려운 감정들)를 털어내야 여유가 생기고 비로소 새로운 감정이 싹트게 된다. 우리가 살면서 겪게 되는 외로움, 슬픔, 공허함, 분노, 열등감 등의 감정은 그 어떤 물건을 사든, 누굴 만나든 저절로 해소되지 않는다.

내 안의 부정적인 감정들과 마주할 때 내가 그러한 감정을 느끼고 있음을 스스로 알아주고 보듬어주어야 한다. 내 감정을 정확히 알아야 타인에게 상처받지 않고 모든 인간관계에서 '적당한 거리'를 유지할 수 있다. 너무 가까워도, 너무 멀어도 문제인 게 사람과 사람 사이의 거리이다.

04
—

분명하고 정확하게 말하라

"또 기도할 때에 이방인과 같이 중언부언하지 말라 그들은 말을 많이
하여야 들으실 줄 생각하느니라"

— 마태복음 6장 7절

중언부언(重言復言)은 똑같은 말을 하고 또 하고 반복적으로 하는 것
으로 듣는 사람에겐 고통이 아닐 수 없다. 같은 말을 반복하다 보면 어느
새 말의 요지가 무엇인지 알 수 없게 되고 횡설수설하게 된다. 많은 사람
이 기도할 때에 길게 말을 많이 해야 하나님이 그 기도를 들으실 것으로
생각하는 경향이 있다. 그래서 예수님은 '그들은 말을 많이 하여야 들으

실 줄 생각하느냐'고 하셨다.

하나님과 대화하는 것이 쉬운 일은 아니다. 하지만 기도를 통해 가까이 다가갈 수 있다. 주일날 교회에서 대표 기도하시는 분들의 기도는 참으로 다양하다. 시작부터 끝까지 어려운 용어를 유창하게 사용하며 기도하는 분이 있다. 기도를 듣고 있다 보면 앞뒤가 안 맞고 도대체 무슨 기도인지 알 수 없을 때도 있다.

기도는 연설이 아니라 하나님과의 대화이다. 듣기 좋은 미사여구로 꾸민 기도를 하나님은 좋아하실까? 그런 기도를 좋아하실까? 기도는 겸손한 마음으로 단순하고 진실하게 드리는 것이다. 그런데 바리새인과 서기관들은 사람들에게 보이기 위해 거리에 서서 기도하였다. 바리새인은 '거룩한 자'라는 뜻으로 엄격한 율법 준수와 모범으로 유대인들에게 큰 신망과 존경을 받았다. 일부러 사람에게 보이려고 회당과 큰 거리 어귀에 서서 기도를 하였다.

예수님은 이들을 가리켜 악하고 게으른 자들이라고 책망하셨다. 사도 바울 역시 구원받기(회심) 전에는 율법에 열심이었던 바리새인이었다(빌립보서 3장 5절). 오늘날 '바리새인'은 겉과 속이 다르게 외식하는 자, 형식적 경건주의자, 권위의식에 사로잡힌 자를 비꼬는 말로 쓰인다. 미사여구로 화려하게 꾸민 대화를 한다고 생각해보자. 그런 대화는 겉은 화려하지만 뒤집어보면 속은 텅텅 비어 '속 빈 강정' 같은 내용 없는 대화이다.

예수님이 가르쳐주신 주기도문은 단순하면서 명확하다. 장황한 설명이나 쓸데없이 미사여구를 늘어놓지도 않았다. 그러면서도 분명하고 정확하게 하나님께 아뢸 것을 모두 이야기하고 있다. 예수님은 분명하고 정확하게 '그러므로 너희는 이렇게 기도하라'고 가르쳐주셨다.

"하늘에 계신 우리 아버지여 이름이 거룩히 여김을 받으시오며 나라가 임하시오며 뜻이 하늘에서 이루어진 것같이 땅에서도 이루어지이다 오늘 우리에게 일용할 양식을 주시옵고 우리가 우리에게 죄지은 자를 사하여 준 것 같이 우리 죄를 사하여 주옵시고 우리를 시험에 들게 하지 마시옵고 다만 악에서 구하시옵소서(나라와 권세와 영광이 아버지께 영원히 있사옵나이다 아멘)"

－ 마태복음 6장 9~13절

모든 것을 알고 계시는 전지(全知)하신 하나님은 우리가 온갖 미사여구를 끌어다가 말하지 않아도, 중언부언하지 않아도 우리가 말하려는 것, 필요한 것을 이미 알고 계신다.

대화를 나누다 보면 한 가지를 이야기하기 위해 온갖 것을 이야기하는 사람이 있다. 그러면 듣는 사람은 답답해서 "도대체 하려는 말이 뭐야?" 하고 소리치게 된다. 질문하거나 대답을 할 땐 질질 끌지 말고 짧고 간결하게 말하고 중요한 것부터 이야기하는 것이 좋다. 그렇게 해야 듣는 사람이 대화의 핵심을 오해하지 않게 된다.

가끔 사람들은 남에게 부탁하거나 어려운 말을 꺼내야 할 때 빙 돌려서 이야기한다. 들어보면 간단한 말인데 그 한 말을 위해서 이 말 저 말을 갖다 붙인다. 대개 눈치 빠른 사람은 그 말이 무엇인지 끝까지 다 들어보지 않고도 알 수 있다. 대신 상대의 말을 중간에 끊지 말고 자기의 생각이나 의견을 충분히 말할 수 있도록 참을성을 갖고 들어주어야 한다. 내가 말할 땐 분명하고 정확하게 말하되 상대의 말이 좀 길어진다 해도 참을성을 갖고 들어주어야 한다.

누군가와의 대화에서 '뻔한 걸 묻고 있네.'라든가 '난 이미 알고 있다.'라는 못마땅한 표정을 지으면 거만한 인상을 줄 수 있고 상대의 기분을 상하게 할 수 있다. '거만'은 표정과 몸짓으로도 알 수 있다. 남을 깔보거나 무시하는 마음이 나도 모르게 행동으로 표현되기 때문이다. 참을성을 갖고 이야기를 들은 후 상대에게 요약한 내용을 반드시 확인해야 실수하지 않을 수 있다.

직장에서, 사업상 누군가와 만나서 이야기할 때 결론부터 짧게 이야기하고 뒤에 부연설명을 하는 것이 좋다. 앞에 설명부터 장황하게 늘어놓으면 듣는 사람은 결론이 무엇인지 빨리 듣고 싶어서 설명이 지루하게 느껴질 것이다. 비즈니스 현장에서는 간결하게 말하는 것이 필수다. 질문을 한 사람은 결론부터 듣고 싶어 할 것이다.

"인테리어 공사에 관한 이야기인데요, 요즘 안 오르는 것이 없다더니 A도 단가가 많이 올랐네요. 그래서 요즘 사람들이 B를 많이 찾는다고 합니다. 그런데 B도 요즘 물량이 부족해서 시중에서 구하기가 어렵다고 하더라구요. 그리고 또…."

장황하게 설명을 늘어놓다 보면 듣는 사람은 답답해서 복장이 터진다.

내가 원하는 것을 이야기할 때 정확하게, 구체적으로 말해야 한다. 애매모호하고 불분명한 말 때문에 다툼이 일어날 수 있다. 내가 주로 아이들에게 자주 하는 말인데 "제발, 말 좀 잘 들어라."이다. 생각해보면 구체적으로 뭘 어떻게 말을 들으라는 것인지가 빠져 있다. 구체적이지 않으니 아이들은 엄마가 무얼 원하는 것인지 모르고 이해가 안 된다. "장난감을 갖고 논 다음에는 꼭 장난감 바구니에 넣어라."라고 말을 해야 우왕좌왕하지 않는다.

직장에서 점심시간에 메뉴를 고를 때 망설이다가 '아무거나.'라고 말하는 사람이 있다. 그런 사람들은 내 주장을 잘 이야기하지 못하고 선택할 때 결정을 못 한다. 그 집의 메뉴가 한 가지만 있다면 고민할 필요도 없는데 다양한 메뉴판과 가격을 보는 순간 갑자기 피곤하다. 이럴 때 나도 모르게 '아무거나.'라는 말이 툭 튀어나오고 그 말이 상대를 어렵게 한다. 만약 중국집에 갔다면 '짜장'인지 '짬뽕'인지 아니면 '볶음밥'인지 정확하게 메뉴를 이야기해줘야 '아무거나라는 메뉴는 없다.'라는 짜증 섞인 이야기를 듣지 않게 된다.

우리는 식당의 메뉴에서부터 직업 선택과 인간관계까지 하루에도 수없는 선택을 하며 살아간다. 우리 인생에서 다양한 선택지가 여러 가지 모양으로 날마다 주어진다. 분명하고 정확하게 말해야 하는 이유는 식당에서 무엇을 먹을지 고르는 것부터 비즈니스에서 무엇을 선택하느냐에 따라 가져올 결과가 천차만별이기 때문이다.

A인지 B인지를 정확하게 말해야 C를 구매하는 엉뚱한 선택을 하지 않는다. 분명하고 정확하게 말하지 않으면 어쩔 수 없이 돈도 잃고 시간도 잃는다. 결정하기 고통스럽게 하는 말로는 '아무거나'처럼 '적당히'가 있다. '적당히'라는 말은 불분명하고 정확하지 않고 너무 주관적이다. 한마디로 경계가 모호하다.

사람들이 분명하고 정확하게 말하는 것이 좋은 줄 알면서도 때로는 마찰과 다툼이 싫어서 '아무거나'와 '적당히'라는 말로 얼버무린다. 어떤 문제가 생겼을 때 책임 회피용, 핑계용으로 말하기 좋다. 하지만 회피하면 어떤 문제도 해결되지 않는다. 문제를 인정하고 분명하고 정확하게 말하면 의외로 꼬여 있는 문제들이 풀리기 시작한다.

조던 피터슨(Jordan Bernt Peterson, 토론토대 심리학과 교수, 전 하버드대 교수)은 그의 저서 『12가지 인생의 법칙』에서 이렇게 말하고 있다.

"정확하게 말하면 어떤 것이든 분류하고 정돈해서 원래의 자리로 되돌려 놓을 수 있다. 그와 동시에 새로운 목표를 세우고 그 목표를 향해 나아갈 수 있다. 협상을 통해 합의에 이르면 공동의 목표를 향해 나아갈 수 있다. 하지만 아무렇게나 불분명하게 말하면 어떤 것도 모호한 수준을 벗어나지 못한다."

05

악담과 미움이 담긴 말을 하지 마라

악담과 미움이 담긴 말은 가시 돋친 말이다. 그래서 남을 찌르고 상처를 준다. 공격적인 사람은 남의 이야기를 잘 듣지 않는다. 내 생각과 의견을 고집하고 상대방에게 따를 것을 강요한다. 상대가 이를 거부하고 잘 듣지 않을 때는 가시 돋친 말로 거침없이 공격하곤 한다. 이럴 땐 상대방의 흥분이 가라앉을 때까지 참고 기다려주어야 한다. 상대의 말에 기분이 상해서 언짢은 마음으로 반응하는 순간 싸움은 시작되는 것이다.

말은 기운이 있다. 좋은 기운과 나쁜 기운. 악담과 미움이 담긴 말을 하면 나도 똑같이 나쁜 기운을 나누어 갖게 된다. 매일같이 악담을 퍼붓는 사람의 인상은 좋지 않다. 『크리스마스 캐롤』의 주인공 스쿠루지 영감이 아름답다고 묘사된 적은 없다. 구두쇠, 자린고비, 돈만 밝히는 인물로 묘사되었다.

흥부전의 악역 '놀부'는 대표적인 악당 캐릭터이다. 게으르고 탐욕스럽고 다른 사람을 괴롭히는 악취미를 가진 사람으로 묘사되었다. 이들은 둘 다 인상이 좋지 않다. 바르고 고운 말, 긍정적인 말, 응원하고 격려하는 말은 상대를 힘이 나게 하고 덩달아 내 기분도 좋아진다. 그러니 항상 밝은 기운이 따라 다니기 마련이다.

살다 보면 화가 날 때가 있다. 억울하거나 불의한 일을 당했을 때 화를 내지 않으면 오히려 사람들에게 이용당하게 되기 때문에 적절하게 화를 내기도 해야 한다. 분노 자체가 꼭 나쁜 것은 아니다. 그런데 요즘은 끓어오르는 화를 참지 못하고 순간 '욱'하는 마음으로 끔찍한 일을 저질러 사회 문제가 되고 있다. 우발적 범죄의 경제적 손실이 한 해 9천억 원이라고 한다. 화를 잘 다스리지 못하면 공들여 쌓은 탑이 한순간에 무너질 수 있다.

우리는 화가 났을 때 '도대체 누구 때문에 이런 일이 일어난 거지?' 하고 책임을 돌리고 싶은 충동을 느낀다. 그래서 내가 화를 내는 것이 너무 당연하고 나는 무조건 피해자라고 잘못 생각하기도 한다. 다른 사람에게 책임을 덮어씌우면 일순간 기분이 좋아지기도 한다. 그런데 인간관계든 어떤 일이든 모두 내가 선택을 함으로써 비롯된 일이다. 나의 고통을 누군가의 책임으로 돌리는 것은 옳지 못하다. 화도 내가 선택한 것이라는 것을 인정하면 내 감정을 컨트롤 할 수 있다.

화가 날 때 화를 잘 표현하는 방법을 배워야 내 맘과 몸의 스트레스 지수를 낮출 수 있고 가족과 사회의 건강을 지킬 수 있다. 제대로 화를 내려면 어떻게 해야 할까? 화가 나면 평소보다 강한 힘이 생기는데 스트레스 호르몬인 코티솔 수치가 높아져 아드레날린이 분비된다. 참고 참다 화가 폭발했을 때 15초의 피크를 찍고 그런 다음 2분이 되면 서서히 내려가고 15분이 되면 완전 정상화가 된다고 한다.

오은영 박사는 화가 날 때 심호흡 다섯 번 정도 하면서 15초 동안 참아보라고 하였다. 15초를 참으면 극단적인 상황을 피할 수 있다. 중요한 점은 화가 났을 때 2분을 기다리면 화의 강도가 한풀 꺾인다는 것이다. 상대가 흥분했을 때 또는 내가 화가 났을 때 심호흡을 하고 수치가 떨어질 때까지 기다려보자.

나를 화나게 하는 모든 감정의 이면을 들여다보면 어린 시절의 상처(수치심, 소외감, 외로움, 공포)일 수 있다. "내 안에 상처받은 내면 아이를 만나려면 나를 가장 화나게 하는 일을 가만히 떠올려 필요가 있다."라고 〈당신이 화내는 진짜 이유〉에서 EBS 제작팀은 말하였다. 화 다스리기 고수들의 방법을 살펴보면 관심을 분노 자체나 감정이 아니라 '나'에게 돌린다는 공통점이 있다. 내가 나를 알고 마음을 알아야 화나는 감정을 조절할 수 있다.

화가 났을 때는 상대가 아니라 나에게 주목하자. 화난 마음을 추스르고 상대방이 왜 나에게 화를 내는지, 내가 무엇 때문에 기분이 나쁜지 헤아려보아야 한다. 화를 내지 않고 살 수는 없지만 욱하는 마음을 참지 못하면 땅을 치며 후회할 일이 생긴다. 분노 때문에 남을 때리고 죽이기까지 하는 일이 자주 일어난다. 부부싸움을 하고 홧김에 불을 지르고 앞지르거나 추월을 했다고 위협을 하며 보복 운전을 한다. 심지어는 그냥 쳐다본 죄로 기분이 나빠서 남을 해치기도 한다.

"노하는 자는 다툼을 일으키고 성내는 자는 범죄함이 많으니라"
　　　　　　　　　　　　　　　　　　　　　　　　　　－ 잠언 29장 22절

공격적인 말과 자극적인 말 모두 상대를 미워하는 마음이 담겨 있다. 특히 이런 말을 공개적인 자리에서 들으면 수치심을 느끼고 자존심에 대단히 큰 상처를 받는다. 아래는 고쳐야 할 말투, 비호감 말투이다. 한 번

쯤은 들어봤거나 누군가에게 해봤을 것이다. 앞의 말을 들으면 당연히 기분이 나쁘고 공격하는 말로 들리지만, 언어를 부드러운 말로 순화해서 뒤의 말로 이야기하면 상대의 화난 감정도 누그러질 것이다.

a. 개나 소나 다 한다고 덤빈다니까.

⇨ 정말 많은 사람이 하네요.

b. 이 정도밖에 하지 못해?

⇨ 조금만 더 하면 금방 좋은 결과가 나오겠어요.

c. 이딴 걸 나보고 먹으라는 거야?

⇨ 속이 안 좋아서 못 먹겠어요.

d. 발로 그려도 이것보다 낫겠다.

⇨ 그림 연습을 해야겠네요.

e. 시끄러워. 당장 그만두지 못해!

⇨ 울지 말고 원하는 게 무엇인지 말해줄 수 있어?

f. 너 같은 사람하고는 할 얘기가 없어.

⇨ 오늘은 여기까지만 얘기했으면 좋겠어요.

g. 제정신이 아니군.

⇨ 다른 방법은 없었나요?

h. 작작 좀 해라. 너는 지겹지도 않냐?

⇨ 자주 그러면 습관이 되지 않을까요?

화는 낼수록 줄어드는 것이 아니라 내면 낼수록 화가 치밀어 올라 어느 순간 폭발하게 된다. 화가 날 때 악을 쓰고 물건을 집어 던지고 화가 난 감정을 표출해보지만 그런다고 해서 화가 없어지지 않는다. 화를 잘 내는 사람을 보면 습관적인 경우가 많다. 화는 남도 해치고 나도 해친다. 그렇다고 무조건 화를 참는 것도 좋은 방법은 아니다. 화를 참는 것이 습관이 되면 내 마음에 짜증, 절망, 우울의 싹이 나서 부정적인 열매를 맺고 다른 사람들에게 좋지 않은 영향을 준다.

화는 인간의 자연스러운 감정이다. 화가 났을 때는 아무렇지 않은 척하지 말고 화가 나서 힘들다는 것을 주변에 알리고 도움을 요청해야 한다. 화가 난 상태로 내뱉는 말은 악담과 미움이 담긴 말이 많다. 한번 뱉은 말은 주워 담을 수가 없다. 아무렇지 않게 툭툭 내던지는 가시 돋친 말은 누군가에게 트라우마가 된다. 화가 난다고 당장 어떤 말이나 행동을 하기 전에 심호흡하고 차분하게 마음을 가라앉혀야 한다.

이 세상에 원망할 일이 없고 갈등이 없다면 싸울 일이 없으니 좋겠지만 현실에선 수도 없이 자주 일어난다. 가끔 우리는 악담과 미움이 담긴 말로 불만을 표시한다. 갈등을 처리하기 위해 또는 예방하기 위해 우리는 수없이 많은 말하기 방법과 기술에 관하여 이야기하였다.
여기에 원망을 효과적으로 표현하는 기술까지도 배워보자.

겸손한 사람은 상대방에게 함부로 악담을 쏟아붓지 않는다. 아우구스티누스는 기독교 교파를 막론하고 두루두루 존경받는 성인으로 그는 그리스도인의 가장 큰 덕목은 "첫째도 겸손이요, 둘째도 겸손이요, 셋째도 겸손이다."라고 하였다. 겸손은 그리스도인뿐 아니라 이 세상에서 살아가는 모든 사람에게 꼭 필요한 덕목이다. 사람의 마음속에는 자랑하고 뽐내고 싶은 거만한 마음이 누구에게나 있다. 그런데 겸손은 누구에게나 있지 않다. 겸손도 배워서 익혀야 한다. 교만한 사람은 반드시 화를 입게 된다. 하나님은 교만을 싫어하시고 사람들도 거만한 사람들은 싫다고 한다.

"교만은 패망의 선봉이요 거만한 마음은 넘어짐의 앞잡이니라 겸손한 자와 함께 하여 마음을 낮추는 것이 교만한 자와 함께 하여 탈취물을 나누는 것보다 나으니라"

— 잠언 16장 18~19절

"사람이 교만하면 낮아지게 되겠고 마음이 겸손하면 영예를 얻으리라"

— 잠언 29장 23절

06

내 편이 아니어도 적을 만들지 마라

"인생의 기술 중 90%는 내가 싫어하는 사람과 잘 지내는 방법에 관한 것이다."

– 새뮤얼 골드윈(Samuel Goldwyn, 영화 제작 프로듀서)

어제의 적이 오늘의 친구가 되거나, 오늘의 친구가 내일의 적이 되는 일은 비일비재하다. 국가와 국가, 기업과 기업, 사람과 사람 사이는 영원한 친구도 영원한 적도 없다.

각국은 자국의 안보와 이익을 위해서 필요에 따라 동맹을 맺거나 과감하게 돌아선다.

기업 역시 어제의 경쟁 상대였다가 이익에 도움이 되면 서로 친구가 되어 상호 협력한다. 어느 분야든 1위를 차지하기 위한 경쟁은 치열하다. 세상이 빠르게 변하고 있다. 포스트 코로나 시대에 들어서면서 사업 영역 구분은 무의미해지고 모든 산업이 데이터 기반 첨단 기술로 연결이 되고 있다. 산업화 시기 창업 세대들은 치열한 경쟁을 벌였다. 그러나 창업 3~4세로 세대 교체가 이뤄지며 국내 재계 분위기도 변하고 있다.

국가나 기업처럼 개인 역시도 라이벌 구도를 벌이다가 이해타산이 맞으면 서로 협력하고 그렇지 않으면 돌아선다. 정치판에서는 동지와 적 사이를 오가는 일이 수두룩하다. 국가, 기업, 개인이 각자 그럴듯한 명분을 내세우지만 결국은 모두 자기의 이익, 원하는 것을 얻기 위하여 친구를 맺고 그렇지 않으면 등을 돌린다. 이런 일은 직장에서 자주 일어난다.

경쟁 사회에서 적을 만들지 않고 살아가기란 불가능에 가까운 일인지도 모른다. 그럼에도 불구하고 내 편이 아닐지언정 적을 만들지는 말아야 한다. 주위에 적을 만들지 않는 사람이 성공한다. 터키에 "천 명의 친구들, 그것은 적다. 단 한 명의 원수, 그것은 많다."라는 속담이 있다. 한 사람의 적이 수많은 아군이 주는 행복을 한 번에 빼앗아갈 수 있다. 그만큼 심리적으로 부담과 압박을 느끼기 때문이다. 해야 할 일도 많고 신경쓸 일도 많은 세상인데 한 사람의 적에게 신경 쓰고 쏟아야 하는 에너지가 너무 많이 든다.

사람은 누구나 좋은 사람이 되고 싶고 상대에게 좋은 사람으로 기억되고 싶다. 그런데 바람과 달리 나를 싫어하는 사람이 있을 수도 있다. 지금 당장 내 편이 아닌 사람이지만, 언젠가 나의 동맹국, 사업상 파트너, 친구가 될 수도 있다는 것을 염두에 두고 얼만큼의 여지를 남겨두어야만 한다. 때로는 원하는 것을 얻기 위해 자신의 마음을 숨겨야 할 때도 있는 법이다.

일도 사람이 하는 거라서 직장에서 팀워크가 깨지면 일의 결과가 좋을 리가 없다. 매일 부딪히는 사람들과 마찰을 일으키면 출근하는 일 자체가 괴로울 것이다. 혼자서 아무리 열심히 해도 결과물을 낼 수 없는 상황도 있다. 직장은 하나의 공통된 목표를 달성하기 위해 여럿이 협력해야 하고 행동하는 곳이다.

리즈 카펜터(Liz Capenter)는 "사람들 대부분은 내 편도 아니고 내 적도 아니다. 또한, 자신이 무슨 일을 하거나 자신을 좋아하지 않는 사람들은 있게 마련이다. 모두가 자신을 좋아하기를 바라는 것은 지나친 기대이다."라고 하였다. 그러니 지금 나를 싫어하고 내 편이 아니라고 해서 적을 만드는 일은 어리석은 일이다. 앞으로의 내 삶이 어떻게 전개될지는 아무도 모르기 때문이다. 모두 내 편이 되면 좋겠지만 모두에게 사랑받기를 원하는 건 지나친 욕심이다. 그렇다면 까다롭게 구는 사람을 어떻게 하면 적을 만들지 않고 내 편으로 만들 수 있을까?

첫째, 그것은 내 생각과 방식을 강요하지 않고 상대의 입장이 되어 공감을 키우는 것이다. 왜 이 사람이 까다롭고 예민하게 구는 것인지, 내 의견에 반대하는지 그 사람 입장이 되어 생각해보는 것이다. 내 말이 백번 옳다 해도 '나도 틀릴 수 있다.'라는 것을 염두에 두고 기분이 나쁜 내 감정을 쏟아내지 않는 것이다. "한 번 참으면 백일이 편하다."라는 말이 있다. 몇 초, 몇 분만 참으면 나중에 후회할 일은 생기지 않는다.

무턱대고 참으라는 말은 아니다. 상대의 입장이 되어 생각해보았다면 상대가 왜 내 의견에 반대하고 까다롭게 구는지 이유를 찾아낼 수 있다. 그것은 상대를 위한 배려이기도 하지만 곧 자기 자신에게 도움이 되는 일이기 때문이다. 어디나 내 인내심을 시험하며 까다롭게 구는 사람은 있다. 기분이 나쁘다고 상대와 맞서면 그 사람은 나와 적이 되며 승자 없는 피곤한 싸움이 시작된다. 적을 만드느니 차라리 무시하는 편이 낫다.

인간의 눈에는 남의 허물은 잘 보이지만 내 허물은 잘 보이지 않는다. 사람은 완벽하지 않기 때문에 허물없는 사람은 없다. 상대방이 오히려 내가 가진 허물 때문에 힘들어 할 수 있다. 적을 만들지 않기 위해선 상대의 허물을 비난하거나 들추지 말고 공감하고 이해하려고 노력해야 한다. 그래야 상대도 나를 배려한다.

인생은 메아리다. 산꼭대기에서 '야호.' 하고 외치면 저쪽에서도 '야호.' 하고 메아리가 돌아온다. 상대를 무시하고 욕을 하면 그것이 메아리가 되어 나에게 되돌아온다. 아무리 성인군자라 하더라도 말에 실수가 없는 사람은 없다. 우리 신체 중 혀는 세 치 밖에 안 되는 작은 것인데 종종 학자나 유명인들이 자신의 혀를 제어하지 못해서 곤욕을 치르는 모습을 본다.

"이웃에게 공개적으로 모욕을 주는 일은 이웃의 피를 뽑아내는 것과 같다. 이런 일을 하느니 스스로 뜨거운 용광로로 들어가는 게 낫다."

– 탈무드

우리는 의도하지 않더라도 말과 행동으로 종종 상대에게 모욕을 준다. 말이 가진 힘은 무섭다. 분노가 생길 때는 입을 다물고 그 자리를 피하는 것이 좋다. 분노한 상태로 내뱉는 말은 한마디 한마디가 비수가 되어 상대에게 날아가 꽂힌다. 우리는 모두 불완전한 존재이다. 나도 틀릴 수 있다는 사실을 기억하면 자존심에 상처받을 일도 없다. 지적을 받더라도 마음이 덜 상하고 겸손한 마음을 가질 수 있다.

둘째, 호의를 베풀어라. 코넬대학교의 심리학 교수 데니스 레건(Dennis Regan)은 '호혜의 법칙' 개념을 제시했다. "작은 호의를 베풀면 사람들은 보답하고자 하는 심리가 발생한다. 신세를 지면 갚아야 한다는 심리는 사람들이 평소 거절할 수도 있는 요구도 쉽게 받아들이게 만든다."라고 하였다. 은혜를 받은 후 반드시 갚고자 하는 심리를 '호혜(互惠)심리'라고 한다.

나를 싫어하는 사람이라도 어떤 일을 계기로 나에게 도움을 청할 수 있다. 반대로 내가 도움을 요청할 때도 있다. 만약 누군가에게 약간만이라도 내가 호의적으로 보였다면 그 사람은 나에게 한 번쯤은 부탁하게 될 것이다. 다행히도 내가 할 수 있는 일이라면 최선을 다해서 도와주어라. 친구가 될 기회이다.

"내가 적을 없애는 방법은 친구로 만드는 것이다."

– A. 링컨(16대 미국 대통령)

아무 조건 없이 호의를 베풀더라도 사람들은 무언가를 받으면 그만한 가치로 돌려주어야 한다고 생각한다. 즉, 물질이든 마음이든 빚을 지면 갚아야 한다고 생각한다. 선의로 무언가를 베풀면 별로였던 사람이 뜻밖에 호의적으로 느껴질 수 있다. 설사 아무것도 돌아오지 않더라도 실망하지 말자. 누군가에게 처음부터 보답을 받을 생각으로 호의를 베풀었다면 그것은 호의가 아니라 거래이고 장사가 된다. 차라리 아무것도 안 하는 게 나을지 모른다. 부탁하지도 않은 일에 자진해서 호의를 표하더니 생색내거나 보답을 바라는 사람은 상대에게 치사하고 계산적인 사람으로 보일 수 있다.

상대방에게 지나친 부담과 스트레스를 주면 적을 만들게 된다. 좋았던 감정이 순간 엉망이 되며 실망하게 된다. 질투나 적개심은 항상 우리 안에 꿈틀거리고 있어서 언제든 튀어나올 수 있다. '뭐야 이거 뭘 바라고 도와준 거였네. 그럼 그렇지 순순히 도와줄 리가 없지.'라고 하거나 '이것 좀 도와줬다고 되게 생색내네. 잘난 척은.' 하고 상대는 생각할 것이고 당신에게 넘어올 수 없는 선을 그을 것이다.

따라서 자기 꾀에 자기가 넘어가는 경우가 생길 수 있으니 주의하여야 한다. 지나친 기대는 오히려 관계를 불편하게 한다. 큰 것을 얻기 위해 사소한 것은 무시할 줄 알아야 한다. 세상의 모든 것은 돌고 돈다. 내가 베풀 때가 있으면 내가 도움을 받을 때도 있다. 남에게 바라는 것이 있다면 먼저 그에게 은혜를 베풀어라.

처음엔 사소하게 넘겼던 일들이 쌓여 점점 더 큰 갈등으로 번지며 적이 되는 경우가 많다. '이 정도는 이해해주겠지.'라고 혼자 생각할 수도 있겠지만 결국 그것이 나를 좀먹는다. 서로 조금만 양보하고 배려하면 될 일이다. 그러니 사소하다고 느껴질 수 있는 일들이 사실은 사소한 일이 아니라는 것을 명심하자.

07
—

상대를 존중하고 의견을 받아들일 줄 알아라

"우리는 모두 누군가가 우리를 사랑하고 필요로 하고 이해하고 인정해
주기를 마음속 깊은 곳에서부터 갈망한다."

– 오프라 윈프리(Oprah Winfrey)

칭찬은 다른 사람을 높이 평가하는 일이다. 그 사람이 한 말이나 행동
을 인정하는 것이다. 상대의 장점을 찾아내고 이해하고 가치를 인정하는
것이 칭찬이다. 그것은 상대를 존중하고 그 사람의 의견을 받아들일 줄
아는 마음이 있어야 가능하다. 나와 반대되는 의견이라고 해서 무시하고
거부하면 나는 앞으로 나아갈 수 없다. 다른 사람의 이야기를 귀기울여

들어야 한다.

우리는 살면서 타인과 자주 치열한 논쟁을 벌이며 내 뜻과 주장을 쉽게 굽히지 않는다. 결국, 양쪽 모두 손해를 보면서 논쟁은 끝이 난다. 둘 다 상대방을 존중하고 인정하지 않았기 때문에 감정만 상하고 시간만 허비했다. 나와 생각이 조금 달라도 만약 그것이 옳은 생각이면 내 뜻을 굽히고 받아들일 줄 알아야 한다. '내가 틀렸다, 나도 틀릴 수 있다.'라는 것을 인정할 때 실수하지 않고 상대의 화난 마음을 풀어줄 수 있다.

사람은 혼자서 살아갈 수 없다. 내 의견을 존중해주고 공감하고 의견을 받아들여줄 누군가가 필요하다. 내 이야기를 들어주고 인정해주는 사람이 옆에 있다면 이 세상은 살 만한 것이다. 특히 이야기를 들어주는 것뿐 아니라 따뜻한 격려나 위로의 말, 칭찬과 긍정, 조언까지도 해줄 수 있는 사람이라면 더욱 좋을 것이다.

자존감이 바닥을 기고 우울감과 무기력이 머리끝부터 발끝까지 나를 감싸고 돌 때, 누군가의 도움이 절실히 필요할 때 심리상담센터의 문을 두드렸다. "많이 힘드셨겠어요. 지금까지 잘 참으셨어요. 그런데 앞으로는 무조건 참지 말고 힘들면 힘들다고 얘기하세요. 엄마가 행복해야만 아이도 행복한 거예요." 당연한 말인데 그 당연한 것을 한 번도 생각해보지 않았다. "엄마가 행복해야 아이도 행복하다."라는 그 말이 가슴에 와 닿았다. 그 말을 듣고 집으로 돌아오는 내내 생각해보았다. '나는 왜 행복하지 않을까?'

인정받는 것에 목말랐던 나는 나 자신부터 존중하고 사랑할 줄 몰랐다. 주변 사람들에게 왜 나를 알아주지 않느냐고, 왜 너는 변하지 않느냐고 매일같이 화를 내었다. 모든 것을 잘하고 싶었고 잘해야 한다는 강박증을 갖고 있었지만, 생각처럼 모든 것이 내 뜻대로 잘 되지 않았다. 없던 일도 만들어서 하는 나는 '번 아웃' 상태였다.

나의 어머니는 언제나 "바쁘다."라는 말을 입에 달고 사셨다. 9남매 장남과 물 한 그릇 떠놓고 맞절하고 사진을 찍는 것으로 혼인예식은 끝났다. 그렇게 대가족의 맏며느리가 되셨고 시어른들에게 미움받지 않으려고 아니 정확히는 쫓겨나지 않으려고 조바심을 내면서 사셨다. 그러니 부당한 대우를 받거나 화가 나도 무조건 참는 것이 미덕인 줄 알고 사셨다. 한국 문화의 특성상 나의 어머니뿐 아니라 많은 어머니가 그렇게 한 많은 세월을 사셨다.

어머니는 인정 많고 부지런하고 항상 바쁘셨다. 그건 칠순을 넘긴 지금도 마찬가지다. 특히 근면 성실한 것은 둘째가라면 서러울 정도이다.

한시도 빈둥거리는 걸 본 적이 없다. 눈떠서 잠들 때까지 종종거리며 대가족 살림을 돌보고 농사일을 거들고 삼 남매 양육까지 도맡아 하셨다. 그렇게 눈코 뜰 새 없이 바쁜 어머니는 어린 나의 이야기를 들어줄 시간이 없으셨다.

내가 무엇인가 어머니에게 이야기하면 '바쁘니까 다음에 하자.', '지금은 안 돼 나중에.'라고 하셨다. 눈 앞에 펼쳐진 많은 일을 해내느라 숨 돌릴 틈이 없으셨던 어머니는 어린 내가 보아도 여유가 없어 보였다. 거절이 반복되면 어느새 익숙해진다. 기대해봐야 실망만 하게 될 테니 나는 하고 싶은 말이 있어도, 갖고 싶은 것이 있어도 말하지 않고 조르지 않았다. 마음의 문을 닫는 것은 상처받지 않고 나를 지키는 방법이었다.

아홉 살에 고아가 되신 어머니에게 남은 것이라고는 네 살 어린 동생뿐이었다. 그때든 지금이든 아홉 살 어린아이가 혼자서 세상을 살아가기는 무척 힘들고 어렵다. 아니 그 시절이 더 어려웠을 것 같다. 그땐 다들 어려웠던 시절이었으니 누구의 도움을 바랄 수 있었을까? 어머니는 험한 세상에서 살아남기 위해 어린 동생과 고군분투하셨다.

눈치 빠르고 부지런하게 굴지 않으면 살아남을 수 없다는 위기의식으로 늘 긴장하며 살았다. 당장 먹고사는 일이 바빠 학교에 간다는 것은 말 그대로 사치였다. 겨우 국민학교를 졸업하고 한글은 뗐지만, 중학교 진학은 꿈도 꿀 수 없었다. 기본적인 의식주 문제조차 해결되지 않았던 그 어린아이는 안아주고 보살펴주고 사랑해줄 어른이 주변엔 없었다. 어머니는 스스로 자기를 지키기 위해 자신에게 엄격해졌다.

나에게는 채워지지 않는 정서적인 결핍이 있었고 어떻게든 이를 채우고 싶어 했던 것 같다. 사람들의 많은 문제가 이런 정서적인 결핍을 채우지 못한 데서 오는 것이 대부분이다. 어머니 나름의 방식으로 자식들을 사랑으로 키우셨지만, 자신에게 엄격했던 어머니는 때로 다가서기 어려운 존재였다. 누군가 "딸은 엄마의 감정을 먹고 자란다."라고 하였다. 나는 어머니를 보면 '미안한 마음, 억울한 마음, 고마운 마음' 등 복잡한 감정에 빠져든다.

어린 시절의 경험은 내 마음에 생채기를 남겼고 대인관계에서 어쩔 수 없이 부정적인 형태로 나타나기도 한다. 자신에게 엄격한 사람일수록 가족 또는 자녀에게 엄격하다. 나는 남편과 아이들이 지켜야 할 어떤 기준을 정해놓고 그 기준에 맞추지 않으면 화를 내었다.

사람은 완벽하지 않기 때문에 타인의 도움 없이 나 자신을 들여다보는 일은 쉽지 않다. '멘토'는 지혜와 신뢰로 한 사람의 인생을 이끌어주는 지도자이다. 즉 '현명하고 신뢰할 수 있는 상담 상대'를 뜻하는데 반드시 나보다 나이가 많은 사람일 필요는 없다. 고통을 다른 사람에게 알리는 것은 정신건강에서 중요한 문제이다. 상담을 통해 비로소 나는 스쳐 지나갔던 내 모습을 돌아보게 되었다. 알고 보면 이 세상에 상처가 없고, 치유가 필요하지 않고, 상담이 필요하지 않은 사람은 단 한 명도 없다.

버지니아 사티어(Virginia Satir, 가족 상담 운동의 선구자)는 "인간의 내면에는 항상 사랑과 인정을 받고자 하는 욕구와 자아존중에 대한 원초적 욕구가 있는데, 이런 욕구가 충족될 때 자기 가치와 자아존중감이 학습되고 발전된다"고 보았다. 또한, "자아존중감이 형성되는 데에는 인간 생애 초기의 가족구조와 부모와의 관계가 가장 큰 영향을 미친다."라고 하였다.

스스로 자기 자신에게 가하는 지나치게 엄격한 잣대는 상대에게도 엄격하고 융통성 없는 모습을 강요하게 된다. 나를 힘들게 하는 건 다른 무엇보다 나였다. 평온한 마음으로 자기 자신에게 너그러워져라. 그럴 때 내 삶의 질이 높아진다. 자아존중감은 자신을 존중하고 사랑하는 마음인데 자기 자신의 능력과 가치에 대해 의심하고 부정적인 평가를 하면서 어떻게 상대를 존중하고 의견을 받아들일 수 있을까?

'받아들이는 마음'을 기르기 위해서는 잘못된 선입견과 고정관념부터 버려야 한다. 칼릴 지브란(Kahlil Gibran)은 "성공한 사람에게는 두 개의 마음이 있다."라고 하였다. 하나는 '사랑하는 마음'이고 다른 하나는 '받아들이는 마음'이라고 하였다. 닫힌 마음과 닫힌 귀로는 누구의 마음도 얻을 수 없다. 사람마다 얼굴이 다르듯이 사물에 대한 인식 또한 같을 수가 없다. 지적하지 말고 있는 그대로를 인정해라. 인정을 받게 되면 사람들이 느끼는 행복은 배가 된다. 나와 다른 상대방의 의견을 인정하고 받아들일 수 있는 용기와 너그러움을 가져라.

글을 마치며 멍에를 벗어버리는 홀가분한 기분이다. 이 책은 나를 위한 책이기도 하고 소통의 부재로 어려움을 겪는 우리 모두를 위한 책이기도 하다. 부족하지만 치열하게 고민하고 열심히 썼다. 이 책을 읽는 독자들에게 도움이 되기를 간절히 바라며 진심으로 감사드린다.

2021년 가을 김영.

참고문헌

『창조의 힘』, 김현석 편역, 북마루

『저도 눈치 없는 사람과 대화는 어렵습니다만』, 김범준, 위너스북

《행복이 있는 풍경》, poetkorea.net, 2005년 11월호

「추임새」, 한국전통연희사전, 네이버지식백과

「리액션」, 네이버지식백과

『지적대화를 위한 대화법』, 사이토 다카시, 정연주 역, 경향BP

"산후 우울증", 네이버 지식백과, 국가건강정보포털 의학정보, 국가건강정보포털

"거울은 먼저 웃지 않는다(2)", 〈한국강사신문〉 2021.06.23.

『심리학을 만나 행복해졌다』, 장원청, 미디어숲

『말로 흥하는 사람 말로 망하는 사람』, 김승용, 좋은책만들기

「벤저민 프랭클린」, 나무위키

「체면」, 나무위키, 국어사전

「인상관리」, 위키백과

「가오」, 「일본/문화」, 나무위키

"중국인의 체면 중시 자존심과 김치 파동", 채수경, 〈BreakNews〉, 2005.11.03

「중국인의 삶과 체면」, 「미엔쯔」, 네이버지식백과

『나는 너와 통하고 싶다』 우영미, 쌤앤파커스

「경청」 국어사전.

"스승은 내 주변에 있으니 열린 마음으로 경청하라", 〈신동아〉. 2010.7.6.

"집중력을 향상시키는 방법", wikiHow

『이기는 질문 이기는 대답』 우찌야마 다츠미 · 사쿠라이 히로시, 최현숙 역, 이가서

『비서처럼 생각하라』 조관일, 쌤앤파커스

"동독 정치국원 실언 한마디, 베를린 장벽 허물었다.", 〈중앙일보〉, 2015.10.03.

"오보로 무너진 베를린 장벽", 조갑제닷컴 2008.02.07

『장자』 안동림 역주, 현암사

『내 안의 나를 깨우는 장자 · 외편』 최상용 역, 일상이상

『장자 잡편』 박일봉, 육문사

『백악관을 기도실로 만든 대통령』 전광, 생명의 말씀사

『순식간에 마음을 사로잡는 대화 습관』 노구치 사토시, 박재영 역, 지식여행

「부메랑효과」 네이버지식백과

『말 한마디로 당신을 안아줄 수 있다면』 할 어반, 박정길 역, 웅진 지식하우스

『공감의언어』 정용실, 한겨레출판

「착한 아이 증후군(Good boy syndrome)」 네이버지식백과

『성공 자격증』 김성광, 도서출판 강남

『꿈꾸는 다락방』 이지성, 국일미디어

"이런 직장 동료 정말 싫어", 〈한국일보〉 2013.02.27.

"직장 내 매너와 에티켓의 중요성" 〈천지일보〉 2014.09.02.

"'명량'에서 보여준 이순신의 리더십과 현실속의 리더", 〈dong.com〉 2014.09.18

『비서처럼 하라』 조관일. 쌤앤파커스

『감정은 왜 생길까?』 다비드 상데르 · 소피 슈바르츠, 이효숙 역, 다산기획

『적당한 거리를 두세요』 유카와 히사코, 김윤경 역, 심플라이프

『교회용어사전』 가스펠서브, 생명의 말씀사

"당신이 화내는 진짜 이유", 〈다큐 프라임〉, EBS 제작팀, 2014.07.14.~2014.07.16. 3부작

『상처주지 않고 분노를 표현하는 대화의 기술』 강경희, 한스미디어

『적을 만들지 않는 대화법』 샘 혼, 이상원 역, 갈매나무

『딸은 엄마의 감정을 먹고 자란다』 박우란, 유노북스

『읽으면 멘탈이 강해지는 책』 김도사, 추월차선